最美肇庆人

Zuimei Zhaoqingren

第二辑

中共肇庆市委宣传部
肇庆市文明办 编

暨南大学出版社
JINAN UNIVERSITY PRESS
中国·广州

图书在版编目（CIP）数据

最美肇庆人．第二辑/中共肇庆市委宣传部，肇庆市文明办编．—广州：暨南大学出版社，2017.8
ISBN 978-7-5668-2178-2

Ⅰ.①最…　Ⅱ.①中…②肇…　Ⅲ.①精神文明建设—先进事迹—肇庆　Ⅳ.①D648

中国版本图书馆 CIP 数据核字（2017）第 208417 号

最美肇庆人（第二辑）
ZUIMEI ZHAOQINGREN（DIERJI）
编　者：中共肇庆市委宣传部　肇庆市文明办

…………………………………………………………………………

出 版 人：徐义雄
策划编辑：潘江曼　潘雅琴　杜小陆
责任编辑：潘江曼
责任校对：何鸿秀
责任印制：汤慧君　周一丹

出版发行：暨南大学出版社（510630）
电　　话：总编室（8620）85221601
营销部（8620）85225284　85228291　85228292（邮购）
传　　真：（8620）85221583（办公室）　85223774（营销部）
网　　址：http://www.jnupress.com
排　　版：广州良弓广告有限公司
印　　刷：广州天虹彩色印刷有限公司
开　　本：787mm×960mm　1/16
印　　张：13.5
字　　数：220 千
版　　次：2017 年 8 月第 1 版
印　　次：2017 年 8 月第 1 次
定　　价：68.00 元

序

文明是城市之魂，道德是立身之本。近年来，在创建全国文明城市的进程中，肇庆市大力培育和践行社会主义核心价值观，广泛深入开展公民道德建设，在全社会大力选树、宣传道德模范和先进典型，为全社会树立价值标尺和道德标杆，积聚崇德向善的正能量，推动好人好事大量涌现、善行义举层出不穷。目前，全市有 1 人获得全国道德模范提名奖，有 10 人入选中国好人榜，15 人入选广东好人榜，45 人被评为肇庆市道德模范，20 人获肇庆市道德模范提名奖，407 人被评为肇庆市身边好人。这些道德模范、身边好人是最美肇庆人的代表，是我们这座城市的精神旗帜和荣耀，是肇庆最美的风景。他们满载美德而行，用自己的行动践行着社会主义核心价值观，演绎了“助人为乐”“见义勇为”“诚实守信”“爱岗敬业”“孝老爱亲”的奏鸣曲。他们一个个的感人故事，如涓涓细流，汇聚成爱的暖流和向善的力量，彰显了人间大义。他们让肇庆这座城市更有情感温度，社会风气更善更美。为了弘扬“最美精神”，以榜样力量为引领，点亮思想道德明灯，构筑城市道德高地，我们把近年来中央、省市媒体对这些道德楷模的报道和相关单位组织的人物事迹材料进行整理编辑，集结成“最美肇庆人”丛书出版。

出版此套丛书的初衷是要大力宣扬这些道德模范的感人事迹和崇高品德，让“最美”之花遍地盛开，在全社会形成崇德向上、遵德守礼、争当模范的浓厚氛围，形成弘扬中国精神、凝聚中国力量的社会新风，共同创建全国文明城市，建设美丽肇庆。

书中收录的人物文本和照片均源自近年来中央、省市媒体的报道和相关单位组织的人物事迹材料。我们对大力宣传、报道这些最美人物的媒体和原作者表示衷心感谢！

学习身边榜样，凝聚道德力量。让我们一起走近这些最美肇庆人，去接受一次心灵的洗礼，去感受道德的光辉和力量吧！

编　者

2017 年 5 月

目录

目录

敬业奉献好人

孝老爱亲好人

中国好人篇

李德明

扶危济困十四载　志愿服务不知倦

李德明，男，肇庆市民建鼎湖区支部主委。

2002 年中国民主建国会肇庆市鼎湖区支部成立，十多年来，李德明带领支部开展爱心助学，让近 600 名贫困学子完成高中学业或圆了大学梦；助力精准扶贫，让 30 多户单亲母亲家庭住进了安居房，1 000 多名困境妇女、儿童渡过难关；组织了 30 多场文艺晚会和 12 场道德讲堂，为基层群众送上文化大餐。他十四年如一日，志愿服务逾 23 000 小时，筹集善款超过 1 000 万元，提起他的名字，大家有口皆碑。2016 年 2 月 26 日，李德明入选中央宣传部、中央组织部、中央文明办联合推选的全国志愿者服务“四个 100”先进典型，成为全国“最美志愿者”，与此同时，还入选 2017 年 2 月“中国好人榜”、2016 年第四季度“广东好人榜”。面对荣誉，李德明依然怀着一颗平常心，坦言服务大众是他的本分。

李德明通过爱心助学、智力扶贫，让贫困孩子用知识改变命运。贫困生黄淑萍是受助者之一。2006 年 8 月，她收到湛江师范学院的录取通知书，本应万分高兴，但高昂的学费令这个年收入只有六七千元的贫困家庭望而却步。父亲要求她放弃读书，但一心想上学的她不想错过机会。李德明得知情况后，不仅发动民建会会员捐资 6 000 元帮助黄淑萍解决大学的学费问题，还联系香港热心人士每年资助她 11 000 元学杂费，使其顺利入读大学，圆了大学梦。在黄淑萍大专毕业后，李德明又继续资助她完成专升本的学业，一帮就是5年。现在，黄淑萍成为一名人民教师，在云浮市工作。

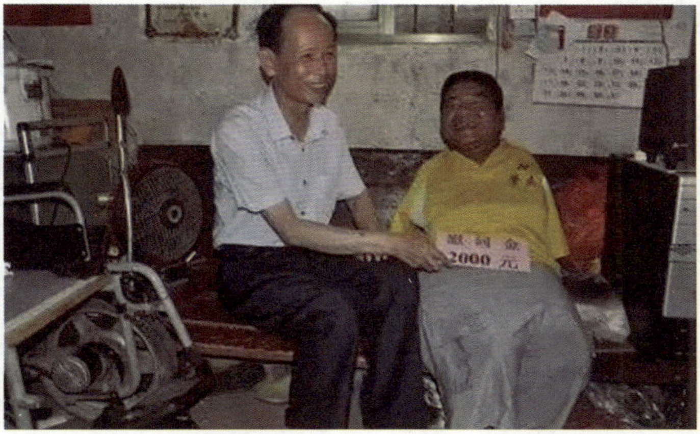

2010年，李德明了解到鼎湖区莲花镇一户五口之家，因父亲不幸去世，家中只剩下聋哑的母亲和读初中、小学的三姐弟。他以最快速度发动民建会会员结对帮扶，给予姐弟三人每人每年3 000元的资助款，解决他们的生活费，并一直跟踪捐助他们的读书费用。

已进入花甲之年的李德明本可在家含饴弄孙，但他却不愿休息，常常奔波在鼎湖区的田间、村舍、企业、校园间，听民声，解民困，助力脱贫。2011年，李德明到鼎湖区莲花镇蔗村慰问，发现一个特困家庭还处于人畜同居的状态，生活环境极其恶劣，严重危害家庭成员的身体健康。李德明即刻发动民建会会员捐助17 000多元建房资金，为其改善生活条件，并帮助其办理无息借贷生产资金50 000元，用于扩建猪舍、购买幼猪仔和饲料，发展生产。在李德明的帮助下，这一年，这户家庭终于实现了“人畜分居”的梦想，并扩建了十多卡猪舍，出售猪苗20头，肉猪8头，并有临繁母猪近20头，实现了脱贫。

在帮助单亲母亲危房改建、农村妇女发展生产方面，也处处可见李德明的身影，“有困难找德叔”成为一句暖心话。“德叔一帮忙，总会想办法帮到底。”鼎湖区妇联一位干部说。多年来，民建鼎湖支部与区妇联密切合作，持续帮扶困境妇女儿童及残障人士。李德明说：“不过是量力而行，尽力而为。”而他口中的“量力而行”，却让鼎湖区30多户单亲母亲家庭住上了安居房，让144名农村困境妇女发展生产，摆脱了贫困。

扶贫济困，“筹集资金”是李德明最为头疼的事。他戏称自己是个“高级乞丐”，感慨地说：“社会服务工作千头万绪，有太多人需要帮助。幸运的是，我有支部会员的支持，是他们鼓励了我，我就是大众服务员。”14年来，李德明带领鼎湖民建会会员共筹集爱心资金超过1 000万元。他厚厚的爱心账本记载着一项项感人的义举：

从2003年开始，捐资300多万元，帮助近600名贫困学生圆了学业梦。

开展思想道德教育，创新性实施“好习惯，伴一生”孝心孝行儿童行为教育公益项目，共有1 700个家庭儿童参与引导教育，社会反响热烈。

举办12场道德讲堂，现身说法，让3 000多名机关干部、医护工作者、师生受到道德滋养和心灵洗礼。

从2008年开始捐助15 000元/户，2010年开始捐助20 000元/户用于“安居房”建设，至今已捐建特困妇女安居房30多户。

帮扶农村困难妇女发展生产资金，每人2 000至3 000元，用作农村承包土地或购买种子、化肥等的资金，并筹集100多万元帮助200多名困境妇女创业贷款进行贴息。

从2008年起，捐资每人每年3 000元帮扶近200名困境儿童，筹集118万元对300多名重度残疾人进行居家生活帮扶；对多名重症患者进行大病医疗救助，使他们脱离病魔，挽回生命。

捐赠教育医疗设备设施，购买80多万元的医疗设备捐赠给鼎湖区的乡镇卫生院，促进农村群众就医条件的有效改善；购买100多万元教学设备捐给农村学校，改善办学条件；发动会员捐助50多万元，在城区和各乡镇主办了30多场文艺晚会，为5万多名群众送上精神文化大餐；筹集90多万元，建设群众公共健身运动场和支持乡村开展卫生村创建工作。

多少人在李德明的帮扶下少了泪水，多了欢笑，对生活充满了信心，甚至改变了命运。扶危济困十四载，明德尚能暖千人。李德明用他的无私奉献，谱写了一曲曲爱心赞歌。

罗丽英

悉心养育残疾儿女 诠释博大无私母爱

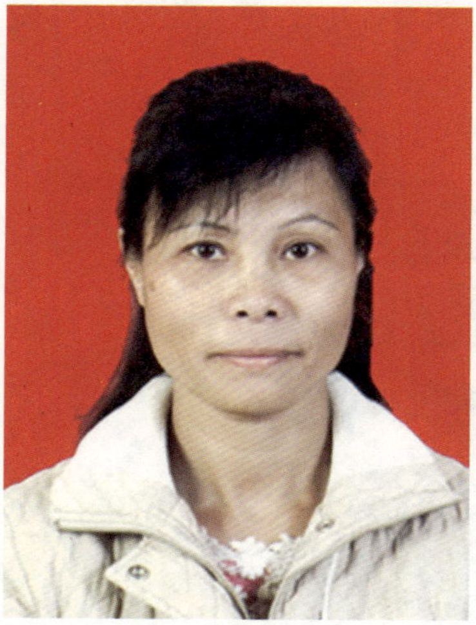

罗丽英，女，1965年8月生，广宁县排沙镇沙心崀村委会乌石坑村村民。

当命运的暴风雨袭来时，她的头从未低下。她用20多年的辛劳与坚强，为三个残疾儿女撑起一个温暖的家，用最朴素的方式诠释博大无私的母爱。她就是广宁县排沙镇沙心崀村委会乌石坑村村民罗丽英。

罗丽英是一位普通的农家妇女，育有一儿两女，厄运却接二连三地降临到她的身上，三个孩子先后患上先天性脑瘫，生活无法自理而且无法治愈。丈夫和其他亲戚都劝她放弃这三个孩子，但是她说："孩子是上天赐予我的最宝贵的礼物，既然生下了他们，我无论如何都不能放弃，一定要把他们抚养成人!"

20多年来，她承受着生活的磨难，悉心照顾着三个孩子。5年前，她的丈夫不幸去世，抚养三个孩子的重担全部压在了她的肩上。她强忍着悲痛，用柔弱的双肩扛起生活的重担，坚持每天微笑面对孩子，让他们吃好、穿好、生活好。

孩子的年龄不断增长，他们的智力却停留在儿童阶段，而且三个孩子的病情都发展至肌肉萎缩无法自行走路的地步，照顾孩子越来越困难。但是罗丽英仍然每隔 1 小时就要回家照顾孩子们大小便，使他们保持卫生。2015 年，大女儿跌断了大腿骨入住广宁县中医院做手术，小儿子想帮忙做饭却烧伤了头部和左上肢，同时入住医院。罗丽英尽心尽力照顾他们，直至儿女康复出院。

20 多年的光阴，青丝变白发，不变的是亲情。罗丽英用常人难以想象的坚强守护着她的家，细心呵护着她的儿女们，演绎了一首感人至深的母爱之歌。

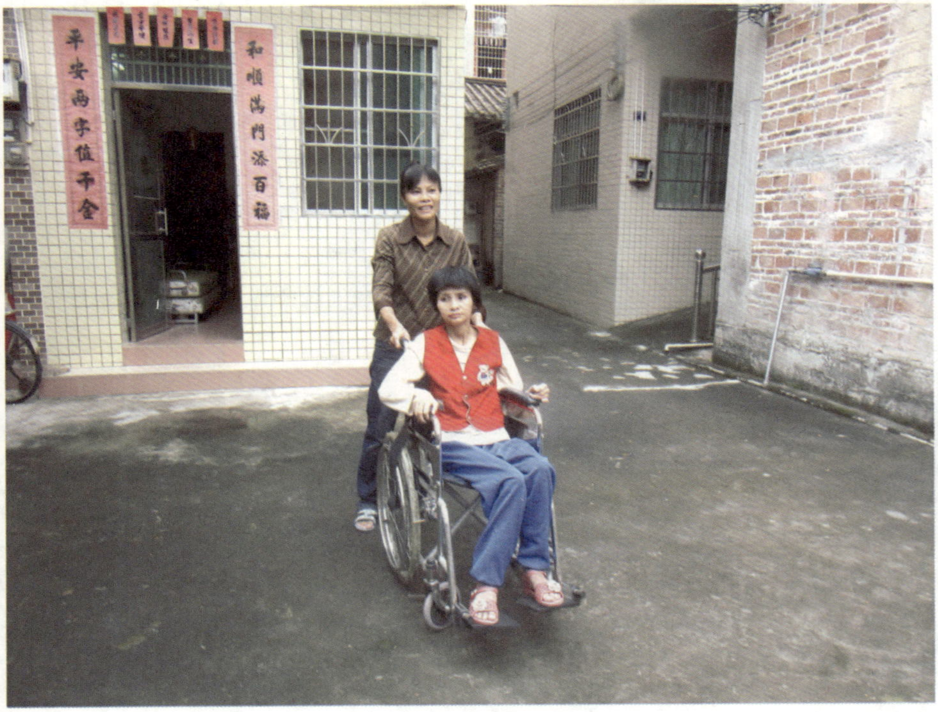

广东好人篇

王 琛

为困境孩子播撒阳光

王琛，女，1969 年生，四会市关心下一代工作委员会企业家爱心促进会办公室干事。

她全身心投入慈善爱心事业中，为困境孩子送去阳光、温暖、爱心与欢笑，成为他们心中的“好母亲”“好老师”。她就是“广东好人”、四会市关心下一代工作委员会企业家爱心促进会专职义工王琛。

在爱心促进会（以下简称爱促会）办公室，记者见到了王琛。中等个子的她一谈起做义工可以帮助贫困学生及其家庭时就兴奋起来，脸上堆满了笑容。她说：“我喜欢做义工。能够帮到人，我就感到快乐。”

2012 年 3 月，王琛来到爱促会做专职义工，一开始就全身心地投入工作中。爱促会是由爱心人士组成的团体，她作为专职工作人员，爱促会里大大小小的事情全由她张罗，爱促会的人都称她为“大管家”。

几年来，王琛走乡入户，调查摸底求助学生的实际情况，足迹遍及四会市 13 个乡镇、街道。她走访了向爱促会求助的 140 多户贫困家庭，回访了爱促会帮扶的 260 多个困难学生家庭。

“帮扶困难学生，不只是给些钱这么简单，还要从生活和心理上去帮助他们。”王琛说。2012 年，她在走访贫困学生时，了解到四会城区有个叫丽丽的女孩，其家庭不仅经济状况差，而且居住环境也差。

“女孩的父母已不在，她靠年迈的外公外婆抚养。祖孙三人居住在一间简陋的房子里，房子一半的地方堆满了垃圾，窗户都被封死，屋内散发出刺鼻的臭味，不时有蟑螂爬出。”谈起丽丽，王琛至今记忆犹新。她了解到，原来丽丽的外公喜欢捡垃圾，捡回来后既不卖也不扔，谁扔就骂谁，不少邻居都对丽丽家有意见。

生活在这样的环境里，小小年纪的丽丽很自卑，不愿意跟人说话。了解情况后，王琛很快组织了十几名义工，与居委会的工作人员一起强行清理了丽丽家里的垃圾，环卫工人足足拉了两大车才清理干净。此后，王琛经常来丽丽家，对这一家老小关怀备至，跟丽丽聊天，还让丽丽到她的办公室做作业，丽丽逐渐变得活泼开朗起来。

后来，王琛又联系到一名爱心人士，让他专门帮扶丽丽。这位爱心人士不时通过王琛转钱给丽丽，资助她学习。如今，丽丽已读初三，空闲时她也会参加一些志愿活动。丽丽说：“这是爱的传递。”

王琛在帮助贫困学生的同时，也帮助这些学生的家庭。2012 年，王琛在走访摸底调查时，发现四会威整镇红星村的小女孩朱秀群和她 90 多岁的奶奶，以及年近 60 岁的父亲，居住在一间破旧的泥砖房里。见到这个情况，除了资助朱秀群读书，王琛想方设法帮助这家人建一间新房。当年春节期间，王琛组织义工义卖，筹得一万多元善款，用于朱秀群的父亲建房。同时，她联系了蚂蚁义工队，让他们将义卖的几千元也捐给了朱秀群家。得知朱秀群的父亲是名退伍军人，王琛又帮忙申请了一些补贴。在王琛的帮助下，朱秀群家东拼西凑，终于在2014年建起了新房。如今已是初三学生的朱秀群早已将王琛当作妈妈，王琛每次去探访她的时候，她都抱着王琛不放。

爱促会资助学生的经费，最初全靠爱心企业家的捐献。后来，一些爱心人士也陆续加入，这使得爱促会能资助更多的学生。而为能更好、更多地帮助贫困学生，5年来，王琛在每年春节、中秋两大节日期间，都组织义卖筹集善款。春节卖年货，中秋卖月饼，从联系场地、搭棚、联络产品厂家低价进货，到联系车辆拉货、组织义工帮忙义卖等，她都亲力亲为。

组织这些活动时，王琛经常忙得不着家，加上周末经常要回访学生，便很少照顾到自己的两个女儿。她说，刚开始她丈夫对她这样全身心地投入义工工作很不理解，后来看到她做得很开心，便经常带着两个孩子一起去做义工，孩子也变得很懂事，也就理解、支持她的工作了。王琛说："做义工我很开心，因为能带给人温暖，能传递爱。"

（来源：《西江日报》，记者：肖桂芳，通讯员：李振鹏，编者有删改）

道德模范篇

黄建珲

“80 义工爱心队”队长　凝聚爱的暖流

黄建珲，男，1983 年 8 月生，肇庆市烟草专卖局高级专卖稽查员，“80 义工爱心队”队长。

青春与慈善同行，快乐与幸福常在。他用大义和大爱，温暖困境人。他的凡人善举，凝聚起爱的暖流和崇德向善的力量。他就是肇庆市烟草专卖局高级专卖稽查员黄建珲。

黄建珲是位 80 后志愿者，帮助弱势群体是他工作之余的一项主要活动。四年前，他来到低保户梁老伯的家里，送去一个全新的电饭锅和一袋大米。这第一次善举，令他感受到“赠人玫瑰，手留余香”的快乐，从此开启了他义务服务社区的征程。

一开始，这项活动只有黄建珲和他的妻子两个人做，他觉得两个人的力量毕竟是有限的，于是试图发动更多的人参与，成立一个义工团体。他通过微博联系发动，渐渐地，越来越多的人和他走到了一起。于是，一个“80 义工爱心队”成立了，他们做的第一件事是为桥西和立新社区的 52 名低保户送去节日的温暖，让他们过一个开心的春节。义工爱心队成立后的第一次活动，令黄建珲感受到了集体的力量。

中秋节，“80 义工爱心队”开展为孤寡老人送“爱心包”公益活动，城中社区的 25 名孤寡老人吃上了香甜的月饼；端午节，开展关爱老幼送“爱心包”公益活动，为两个社区共 41 户困难家庭送去了粮油等生活必需品。

黄建珲的爱心团队还为社区的老年人和残疾人送去 30 多台无障碍手拉购物车，解决了他们出行购物、提重物上楼梯困难的问题。

为了满足不同困难家庭的需求，黄建珲和队友们制作了不同的“爱心包”。有的家庭需要一张旧沙发，有的家庭需要解决考生的学费问题，有的老人家中门窗损坏无力修补。黄建珲带领他的爱心团队把一个个“爱心包”送到了需要帮助的人手中。

黄建珲说：“做公益并不是多难的事，贵在坚持。”4 年来，端州区的各个社区都留下了“80 义工爱心队”队员们的足迹，黄建珲和他的队员们为几百户低保户解决了各种各样的困难，送去了爱心和温暖。现在他的团队已经有 100 多人，他相信，他们的坚持犹如星星之火，会感染更多的人，他们的善心善举能让更多群众受惠。

陈旭文

义务为孤寡老人理发　诠释孝道

陈旭文，男，1969 年 4 月生，
封开县河儿口镇文记理发店理发师。

一把爱心剪，温暖老人心。他剪出了温暖的春天，剪出了人间的大爱，诠释了浓浓的孝道，书写了文明的华章。他就是封开县河儿口镇的理发师陈旭文。

陈旭文从事理发已有 17 年。他不仅手艺精湛，更难能可贵的是有一颗炽热的心。他不辞劳苦，定期上门为渔涝、河儿口、莲都三个镇的敬老院的老人免费剪发理发，风雨不改，已经默默坚持了四个春秋。

几年前的一天，有一位老人来陈旭文的理发店理发，闲聊中，他了解到这位老人是个孤寡老人，独自从敬老院走了几公里的路来理发。陈旭文觉得老人要理一次发真不容易，因此萌生了义务上门为孤寡老人理发的想法。陈旭文为这位老人理完发后，没有收费，并请老人代为通知河儿口敬老院的老人们，以后他会每隔 40 天左右到敬老院为老人免费理发。就这样，定期为敬老院的孤寡老人义务理发，成了陈旭文和老人们的一个约定，4 年来，他从未失约。

陈旭文的爱心服务范围不断扩大，除了河儿口敬老院，还发展到莲都镇、渔涝镇敬老院。4 年来，陈旭文自己也记不清为老人们理过多少次发了，但他和老人们的这个约定，还会继续下去。

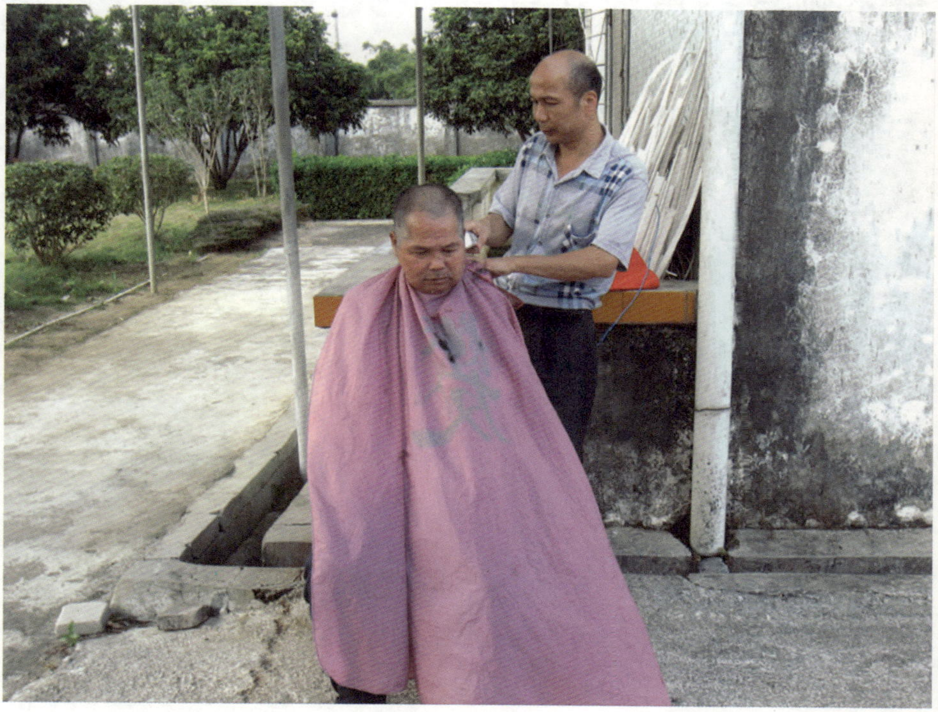

叶天海

奋不顾身　勇救女童

叶天海，男，1982 年 2 月生，中国邮政集团公司肇庆市分公司护卫中心护卫员。

在千钧一发的时刻，他奋不顾身，勇救处境危险的女童，以瞬间的决断彰显英雄本色，书写见义勇为的英雄赞歌。他就是中国邮政集团公司肇庆市分公司护卫中心护卫员叶天海。

2015 年 9 月 15 日下午 6 时，叶天海和同事们完成了一天的工作，正准备下班回家，这时候公司大院的铁皮雨棚篷传来了一声巨响，叶天海意识到：可能出事了！他快步走到门外，只见大院东侧的铁皮雨篷上趴着一个大约三岁的小女孩，正在大声哭喊。女孩可能是从高处坠下，身下的铁皮由于受到重力的撞击出现了一个“凹”形。由于雨篷是向下倾斜的，且距离地面有十几米高，小女孩随时有可能再次坠落到地面上。在这千钧一发之际，叶天海立刻冲上二楼，在同事们的协助下对小女孩进行救援。他到饭堂搬来梯子，但是那架梯子太短了，为了抢时间，他直接把梯子架在了洗手盆上，摇摇晃晃地爬到了小女孩的身边。体重 150 多斤的叶天海随时都有可能从十几米高处落下，但是为了救小女孩，他顾不了那么多。他顺着梯子从窗户爬上雨篷，慢慢爬到小女孩身边，把她抱起来交到接应的同事手里。

目睹叶天海救小女孩全过程的所有人，都为他捏了一把汗。当他们都平安下来后，在场群众才松了一口气。大家对叶天海和他的同事见义勇为的行为赞叹不已。

小女孩得救了，但是由于惊吓过度，说不出家长的信息。叶天海陪伴小女孩到医院就医，直到晚上 9 点多钟，小女孩的父母闻讯赶来，他才拖着疲惫的身躯离开。

事后，小女孩的父母来到叶天海的单位，要为他和他的同事送上感谢金和礼物，但叶天海和同事们都拒绝了。叶天海说："我和我的同事大多是退伍军人，见义勇为是我们的本能。救小女孩对我们来说是举手之劳，是一件总要有人去做的事。"

危险关头显英雄本色，叶天海在危难面前挺身而出，用他的见义勇为之举向全社会传递了正能量。

梁煜清

以赤胆忠心　护百姓平安

梁煜清，男，1980 年 2 月生，中共党员，肇庆市公安局端州分局便衣警察大队副大队长。

他以血肉之躯，与罪恶较量，虽历经生死，却无所畏惧，一往无前，屡立战功！以赤胆忠心，以铁的意志和信念，守护着一方百姓的平安。他就是肇庆市公安局端州分局便衣警察大队副大队长梁煜清。

2009 年 11 月 13 日，当时还是端州分局便衣警察的梁煜清在驾驶摩托车追捕两名盗窃嫌疑人时，和一辆货车迎面相撞，身负重伤。他在昏迷前向同事要来了纸和笔，写下了“有事的话，捐器官”这七个字。他说：“因为我不知道结果会怎样，我怕会颅内出血抢救不回来，自己就这样没了，我觉得人死也要死得有价值，所以我趁着意识还清醒写了这个纸条。”

这一次，梁煜清与死神擦肩而过，他足足在医院里治疗了两个月。而这件事，梁煜清只告诉了自己的姐姐。

两个月后，梁煜清又回到了工作岗位。然而，当他跨上摩托车上街巡逻时，发觉自己的手脚不受控制地颤抖，看着一辆辆汽车从身边开过，心脏就不由自主地剧烈颤动，脑里一片空白，喘不过气来。经过医生诊断，那次车祸导致他产生了“创伤性应激障碍”，可能今后都无法驾驶摩托车了。这个诊断对梁煜清打击很大，但他鼓励自己：“不能就这样放弃，这是自己至爱的事业，一定要坚持下去。”

为了克服心理障碍，梁煜清回到事故现场，让同事驾驶汽车迎面开过来，自己驾驶着摩托车一遍又一遍地往返来回。怀着对公安事业的无限热爱和执着，经过几个月的康复训练，梁煜清终于克服了这种应激障碍，重新回到打击犯罪的第一线，继续践行自己的入警誓言。

“压力大、危险性高”是大家对便衣警察这一职业的认知。很多与梁煜清一同进入便衣大队的同事，都已经转到其他岗位了，但梁煜清在这个岗位上一干就是 12 年，而且他说自己还将继续坚持下去。

梁煜清从警 12 年来，直接参与抓获抢劫、抢夺或盗窃机动车、入室盗窃的现行犯罪嫌疑人 3 000 多名，协破刑事案件 5 000 多宗，缴获被盗汽车、摩托车及现金、金饰和手机等财物不计其数，多次获得端州公安分局抓捕能手称号。

梁煜清说：“为了城区的一片安宁，为了人民群众的生命财产安全，为了挽回人民群众的损失，我愿意用自己的青春和热血为警盾增光添彩。”他用一个人民警察的赤诚，谱写着见义勇为、敬业奉献的华章。

罗宗喜

用诚信守住良知的底线

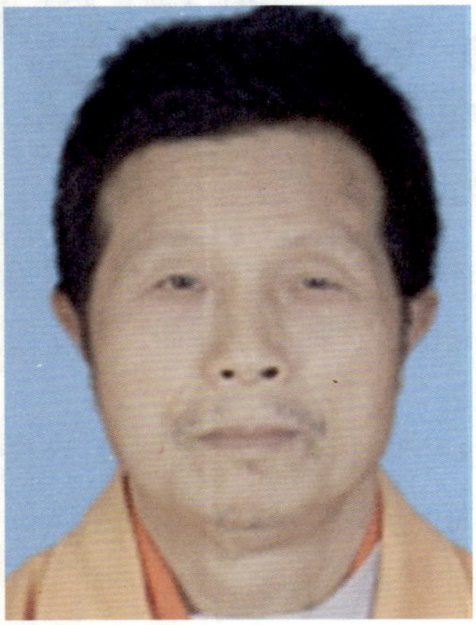

罗宗喜，男，1955 年 11 月生，
端州区环境卫生管理中心环卫工人。

生活虽然不易，他却不为金钱所动，意外之财分文不占。从容淡泊，境界高远。他用诚实、正直、善良，守住了良知的底线。他就是端州区环境卫生管理中心环卫工人罗宗喜。

2016 年 1 月 27 日上午，罗宗喜和往常一样来到古塔中路那片属于他负责的保洁责任区进行保洁工作。他清扫路面的时候，发现路面上有一个塑料袋，里面装有现金和证件等。他马上向单位报告情况，并将拾获的物品交给单位。经过多方联系，失主领回了自己的失物。

今年 61 岁的罗宗喜从事环卫工作 7 年，每天在自己负责的保洁区域进行保洁的时间在 8 个小时以上，所清理的垃圾接近 500 公斤。拾获丢失物品，是经常碰到的事，每次他都把拾获的物品及时交回单位，通过单位联系失主。

罗宗喜认为，人的心灵就像街道一样，经常清扫才能保持干净，如果自己把拾获的财物据为己有，那么丢掉的就是良心和诚信。

陈美凤

诚实守信　以诚待客

陈美凤，女，1973 年 4 月生，中国移动通信集团广东有限公司封开分公司总经理助理。

“言忠信，行笃敬”乃中华民族的传统美德。用一颗诚挚的心赢得信任，用实际行动诠释诚信即巨大的精神财富。她就是中国移动通信集团广东有限公司封开分公司总经理助理陈美凤。

2002 年，陈美凤进入中国移动封开分公司，成为公司营业厅的一名一线员工。陈美凤以诚待客，心系客户，急客户之所急，想客户之所想，帮客户之所需。一次，有一位老人来办理更换手机业务，由于他的手机版本太老旧，通信录无法批量复制，只能逐个输入新手机里。面对这一难题，陈美凤当即提出由她来协助客户复制电话簿。于是当天晚上她一直加班到凌晨 1 点多钟，最终成功将 1 000 多个号码逐一地手动输入新手机里。

对每个客户服务人员来说，最头疼的问题就是处理客户投诉。但陈美凤认为：“客户之所以有投诉，其实是希望我们能够改进服务，是对我们寄予期望，不然他完全可以什么也不说，转而选择其他的运营商。面对投诉的客户，我会很认真地聆听投诉原因，多换位思考，从中判断和挖掘用户真正的需求，树立以客户为中心、全心全意为客户服务的理念，真心诚意地为客户解决问题。这样，不但可以让每一个客户‘怒火’而来，满意而归，还可以让客户在感动中认可我们，肯定我们。”

陈美凤说：“我从来不把客户当客户，我把他们当作朋友一样来真诚对待。朋友有困难来找你，你一定要从他们的角度为他们着想，协助他们办理最省钱、最好的方案。当客户知道了你是真心诚意为他们考虑，自然就会信任你，以后就会都找你办理业务了。这样，你的朋友多了，客户也满意了，拓展的市场与路子也就更宽广了。”

陈美凤真诚对待客户，热情服务，赢得了客户的广泛好评，使她的业绩不断增长，为公司的发展做出了突出贡献，她也因此由一线员工走上了领导岗位。

王启民

医者风范长存　大爱永留人间

王启民，男，1935 年 7 月生，肇庆市第二人民医院外科副主任医师。

医乃仁术，医者仁心。他用一生塑造医者仁心风范，践行“大医精诚”精神，在生命的尽头把大爱永留人间。他就是肇庆市第二人民医院外科副主任医师王启民。

2016 年 3 月 26 日，81 岁的王启民永远告别了他的亲人和同事，告别了他为之献出一生心血的医疗事业。临别时，他留下了一个遗愿——捐出遗体作为科研教学之用。

他对妻子说：“与其身后火化剩下一把灰，倒不如把遗体捐献用于科研教学，让其他人活得更健康。”

一场简单却庄重的遗体捐献仪式在肇庆市第二人民医院重症监护室里举行。王启民医生的同事们都为他无私奉献的精神而感动，缅怀他悬壶济世的一生。

王启民从 1978 年开始主持第二人民医院外科工作，怀着“民康为怀，悬壶济世”的理想，竭尽全力为患者服务。他对诊治技术精益求精的执着，对患者无微不至的关怀，赢得了患者与同行的赞誉。

一名患者慕名找到王启民进行胃切除手术。但由于他病情重，营养不良，一度出现术后并发症。在长达3个多月的时间里，王启民每天自掏腰包为这位患者买牛奶补充营养，直至患者痊愈出院。

多年来，他无数次在艰苦条件下给病人做手术，无数次在患者因家贫而无法负担医疗费用时默默伸出援手。王启民心中常持一个信念：技不在高而在德，术不在巧而在仁。医者，看的是病，开的是药，给的是情。

1982年，他和妻子参加了中国援非医疗队。在援非的两年时间里，王启民夫妇经历了数次的生死劫难，光是疟疾就感染了几次，但他还是坚持了下来，克服了种种艰难与困苦，用精湛医术挽救了许多生命垂危的非洲患者，为赤道几内亚控制霍乱疫情做出了贡献。时任赤道几内亚总统的奥比昂亲自为他们戴上了勋章。

1984年，王启民夫妻结束援非工作回国，有人推荐他们到深圳工作。但王启民知道，当时肇庆市第二人民医院的外科正处于青黄不接的时候，一批年轻医生成为医者的路才刚刚开始，非常需要一名引路人。于是，王启民夫妻放弃优厚的条件，决定留任肇庆市第二人民医院，为年轻医生传道、授业、解惑。

现任市二医院骨科主任的梁显球是王启民的一名徒弟。在梁显球的印象中，恩师是一位外科的“全科医生”，无论是普外科、泌尿外科、神经外科、心胸外科，还是妇产科手术，他都能一手主持。在那个外科系统还未分支发展的年代，这样的技术型人才实在是凤毛麟角。梁显球回忆，当年骨科刚从外科分支独立发展，很多手术都处于空白阶段，是恩师不断鼓励他们这批年轻的医生去勇于开拓。他甘当人梯，主动担当，带领后辈攻破了一个个技术难点。如今，市二医院骨科已发展成为肇庆市重点专科，可以开展多种复杂、疑难手术，对此王启民功不可没。

然而，后辈从王启民身上学到的不仅仅是医学知识和医疗技术，还有医者应有的风范。他精勤不倦、宽容仁厚、淡泊名利的品质影响着后辈的成长，让他们明白“健康所系，性命相托”誓言的真谛。

医学上，遗体捐献者被尊称为“无语良师”。他们不会说话，却用自己的身躯，教会学生人体的结构、血脉的走形，教会一届又一届的医学生怎样去了解生命、尊重生命，怎样去承担医者的责任。

26 岁开始从医，医学贯穿了王启民的一生，他为医疗事业鞠躬尽瘁，在生命的最后时刻，他用自己的方式，永远成为医学生的“无语良师”。

费　嘉

以铁血男儿的担当　书写孝老爱亲的乐章

费嘉，男，1964年11月生，肇庆出入境检验检疫局综合检测中心主任。

他用温暖的双手、孝敬的心给年迈的双亲以精神上最大的支撑。他以铁血男儿的担当，书写了孝老爱亲的动人乐章。他就是肇庆出入境检验检疫局综合检测中心主任费嘉。

费嘉既是肇庆出入境检验检疫局的科技带头人，又是孝老爱亲的典范。每天下班之后他要做的第一件事，就是马上赶回家，回到患有重病的父母亲身边。这种状态已经持续了整整16年。

1996年，费嘉父亲因心血管病做了心血管支架手术，身体健康状况每况愈下；到了2007年，费嘉父亲的肺部功能已经大部分坏死，生活不能自理，每天只能依赖吸氧与护理维持正常生活和延续生命，费嘉始终担负起照顾父亲的责任。

自2000年开始，他母亲又患上一种怪病，隔三岔五就会出现身体不适，经过三年多的治疗，确诊为老年痴呆症，生活也不能自理。费嘉没有怨言，始终默默对父母尽孝，给予父母细心的照顾、贴心的爱。

2007 年，费嘉的二哥因病去世，给费嘉精神上带来又一次重创，父亲的身体也越来越差，母亲的痴呆症也愈渐严重。为了让病重的父母能够感受到家人的温暖，他和家人商量，坚持不把父母送进老人院，守在父母身边，尽职尽孝。

十多年来，费嘉克服各种困难，处理好工作与家庭的关系，一方面兢兢业业做好本职工作，另一方面担负起照顾患病父母的重担，用日复一日的悉心照料减轻父母晚年的病痛，尽心尽力侍奉父母，陪伴父母安度晚年，用赤诚孝心诠释孝道。

道德模范提名奖

助人为乐模范提名奖

李细仁

好邻居悉心照顾孤儿十多载

李细仁，男，1940 年 6 月生，肇庆市端州区塔脚社区第八网格志愿者。

家住端州城区塔脚路五巷的李细仁，隔壁住着一个名叫阿艳的孤儿。十多年来，李细仁一家给予阿艳无微不至的关怀和照顾，帮助她从一个懵懂的小女孩成长为一个能独立谋生的大姑娘。

1996 年出生的阿艳，身世凄惨，5 岁时父亲过世，7 岁时母亲病亡。当同龄的孩子还在父母怀里撒娇的时候，她就独自生活了。但在诸多不幸中，她也有一个幸运，那就是碰到了一个好邻居——李细仁，阿艳亲切地叫他为“伯伯”。

“阿艳这孩子，命运坎坷，我们实在不能坐视不理。”李细仁夫妇说。李细仁把阿艳当作自己的孙女看待，恰好他也有一个孙女与阿艳年纪相仿，于是每天在阿艳放学后，他就把阿艳接到自己家里，让阿艳跟自己的孙女一起复习功课，还说服儿媳，帮阿艳辅导功课。阿艳太小，还不会煮饭，李细仁夫妇就耐心地教她，并为她买菜、煲汤、买日常用品。节假日时，怕她一个人太孤单，便把阿艳接到自己家里来，让她感受到家庭的温暖。

小姑娘早上贪睡，李细仁和妻子就得操心了，如果快到上学时间，见小姑娘还没出门，李细仁和妻子就会去敲门：“阿艳，起床了，上学要迟到了。”遇到阿艳生病感冒了，李细仁就更操心了，和妻子一起把阿艳送到医院看病，陪她打完点滴再送回家，并让妻子煲粥给阿艳喝。

李细仁一家不仅照顾阿艳的生活，还教她如何做人做事。“阿艳收到好心人送来的礼物后，我们都会让她回电去谢谢人家。这是基本礼貌。”李细仁说。

为了阿艳的生活问题，李细仁还经常与社区居委会沟通，共同商讨如何帮扶阿艳，让阿艳没有生活的后顾之忧，健康成长。

如今，阿艳已长成大姑娘，有了一份稳定的工作，能真正独立生活了。李细仁感到很欣慰，他说：“阿艳平安长大成人，我们也放下一份心了，我们不求她报什么恩。”李细仁的一片爱心赢得了街坊邻居们的交口称赞。

江志华

为患者带来光明和幸福

江志华，男，1973 年 9 月生，四会市中医院副院长。

他从医 20 多年，始终保持着学医的初心，践行“悬壶济世”“大医精诚”的精神，用他精湛的医术给无数患者解除了病痛，给他们带来了光明，用高尚的医德、兢兢业业的治学态度感染着身边的每一个人。他就是四会市中医院副院长、五官科副主任医师江志华。

江志华从事五官科临床工作已经有 24 个年头。作为医院五官科学科带头人，他对技术精益求精，不断开拓创新，积极开展应用各种新技术、新业务，引进的一系列白内障手术技术让众多白内障患者重见光明。他时刻把患者的疾苦挂在心头，心里永远装着患者，在他的心中，患者的事无小事，无论多忙，他对患者都是笑脸相迎、有问必答，尽力帮他们解决疑难问题。他积极参加爱心慈善活动，每年到各乡镇进行免费眼科疾病筛查，积极为五保户、低保户、贫困白内障患者争取各种慈善资金支持，多年来共为 2 500 多名贫苦患者施行了免费手术，使患者得以重见光明，深受广大患者的信任和爱戴。

20 多年来，江志华用妙手为一位位眼病患者带来光明和幸福，成为患者心中的光明使者。

见义勇为模范提名奖

王红亮

青春在血与火的洗礼中闪光

王红亮，男，1991年生，中共党员，肇庆市公安消防支队四会中队中队长助理。

面对一次次血与火的洗礼、生与死的考验，他没有退缩；在一起起危机四伏的灾害中，他不曾犹豫；为了百姓的生命安全，他不畏艰险，冲锋在前。他就是肇庆市公安消防支队四会中队中队长助理王红亮。

王红亮入伍7年来，“水中来、火中去”，参加各类抢险救援多达1 400余次，尤其是在2015年抗击台风“彩虹”过程中，他英勇顽强地冲在最前线，主动承担急、难、险、重任务，连续奋战72小时，成功抢救受灾群众80余人，疏散被困群众1 200余人。2015年10月3日上午，四会市东城区有一名孕妇被洪水围困在家里，王红亮乘坐橡皮艇经过重重险阻成功将孕妇解救。当天下午又接到多名儿童被困的消息，已在洪水中奋战了3个多小时的他，不顾齐胸污水的恶臭和水下路况，毅然再度下水，徒步前行，搜寻生命的踪迹。经过两个小时的浑水探路，王红亮终于成功将孩子们找到。10月

6 日，四会市下茆镇河道水位急剧上升，河堤面临决堤的危险，王红亮与战友奋战至清晨6 时，成功救出被困在鱼塘、稻田的近百名被困群众。

王红亮用青春的热血书写着壮美，让青春在血与火的洗礼中闪光。

姚瑞初

好村长见义勇为　刀下救人

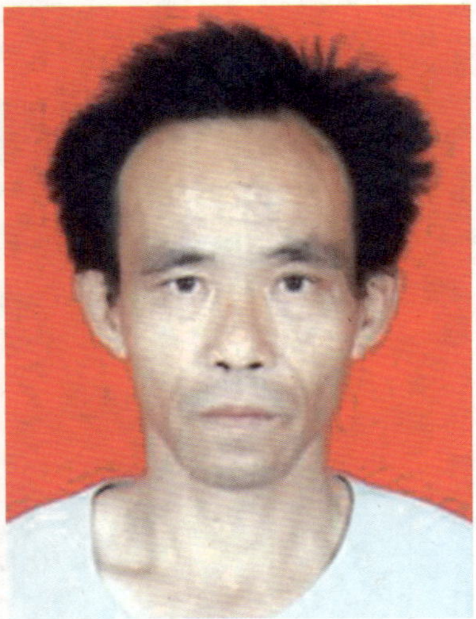

姚瑞初，男，1969 年 4 月生，德庆县官圩镇崩坭村委会枧水埇村村长。

2016 年 1 月 1 日，正值元旦佳节，崩坭村委会枧水埇村却发生了一件让人震惊又痛心的事。村长姚瑞初和一对儿女刚干完农活回家，途经邻居姚灿蝉的家时，突然听见屋里传出一阵阵凄惨的呼救声。姚瑞初立刻扔下农具，赶紧跑进姚灿蝉家，随即便被眼前的情景吓呆了。

只见经常在崩坭村做工和玩耍的高良镇男青年黎金挥，正手持菜刀在客厅追砍姚灿蝉，姚灿蝉身上已伤痕累累，姚灿蝉的妹妹姚贵灿已经被砍数刀，倒在血泊中。看到这种情况，姚瑞初顾不上跟在自己身后的一对儿女，直接冲上去，一边喝令黎金挥停手，一边上前抱住黎金挥，试图夺走他手上的菜刀。但由于姚瑞初个子小，身体弱，敌不过年轻力壮的黎金挥，没几下就被甩倒在地。姚瑞初还是毫不畏惧，不顾个人安危，想方设法制止黎金挥行凶。因手上没有任何防御工具，姚瑞初急中生智，马上脱下身上的棉外套作防御，再一次向黎金挥冲过去，成功把菜刀夺走。

姚瑞初赶紧把夺下的刀藏起来，随后又听到姚灿蝉的惨叫声。他连忙跑过去，看到黎金挥拿着不知从哪里找来的砍柴刀，正朝姚灿蝉身上砍，姚灿蝉当即倒在地上，一动不动。姚灿蝉两岁大的儿子廖俊凯在旁边的血泊中大哭，姚瑞初不顾一切冲上去把廖俊凯从黎金挥的刀下抱走，一直往外跑，寻求其他村民的帮助。跑到了外面，姚瑞初才发现自己的身体多处被砍，满身是血，一下子无力地瘫倒在地。等他回过神的时候才发现跟在自己身后的一对子女未在自己身边。最后看到他们平安无恙时，他才得以安心。村民把姚瑞初送到医院治疗。经过公安机关的连夜追击，黎金挥被警方成功捉捕归案。姚瑞初的见义勇为深受村民的赞誉，他也不愧为一个关爱民众的好村长。

陈锡联

勇救落水者的“拉手哥”

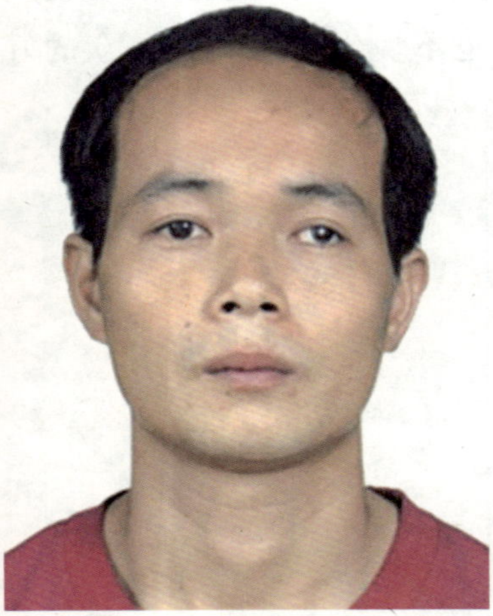

陈锡联，男，1974 年 7 月生，封开县长安镇中良村委下洲村外出务工者（佛山市禅城区旭雅机械设备厂工人）。

2013 年 3 月 31 日，佛山市禅城区张槎一路和华富北路交叉口处，一名女子跳入河涌欲轻生。在众人的帮助下，一名中年男子沿梯子爬下河涌，紧紧拉住轻生女，时间长达 20 多分钟，后警方赶到并将女子救起。在忙乱的现场拉手救人的中年男子却悄然离开了，无人知道他的真实身份。

这件事在佛山迅速传开，各大媒体相继报道此事，网民纷纷向这名男子表示敬意，亲切地称其为“拉手哥”。后经多方求证，原来“拉手哥”是从封开县长安镇中良村来佛山打工的陈锡联。

当天上午，陈锡联骑着自行车外出买烟，不经意间发现一名年轻女子站在河涌边。当他买完烟回来再次经过此处时，看到河边围聚了很多人，并听闻有人要轻生跳河。

当时，岸边有人将一架梯子放进河中，陈锡联未曾多想就顺着梯子下了河。看到轻生女子下沉得很快，救人心切的陈锡联没有采取任何保护措施就下水救人了。他双脚各踩一梯，同时一只手抓着梯子，另一只手抓住女子的手，反复劝导女子“不要轻生，有什么事上去再说”。

陈锡联顶着污浊河水的阵阵恶臭，拉住女子的右手，避免她沉下去。20多分钟后，民警赶来。在陈锡联与民警的共同努力下，终于成功营救了这名轻生女子。

陈锡联十几年前离开肇庆市封开县长安镇，来到佛山打工。一家三口依靠他的工资维持生活，虽然日子过得并不富有，但依然保留着农民的淳朴个性。他为人低调，对于河涌救人一事，并没有告诉妻子和儿子。当儿子看到电视新闻得知并问起此事时，陈锡联说：“做人要在别人困难的时候伸出援手，这样才是好孩子。”

虽然“拉手哥”陈锡联对自己救人一事看得很淡，但是，在他拉住轻生女子的手长达20多分钟的过程中，需要多大的毅力呀！倘若他体力不济，很可能会上演一场悲剧。正是“拉手哥”的这份坚持，抓住了一个生命的希望。不让一个生命流逝，陈锡联用自己的温度传递了生的希望。

方国荣

诚信经营　以德养玉

方国荣，男，1982 年 9 月生，四会市万兴隆翡翠城总经理。

在中国玉器之乡四会市，有一家全国最大的翡翠毛料批发市场——万兴隆翡翠城，这也是广东首家公开承诺“假一赔十”的专业市场，它的创办人就是方国荣。

方国荣于 2013 年创立万兴隆翡翠城。为了让消费者购得安心、买得放心，万兴隆翡翠城率先在行内提出了“全场 A 货、假一赔十”的诚信经营理念，对消费者在商场内购买到 B、C 货的一律进行 10 倍先行赔付。万兴隆翡翠城还先后出台了多个用以规范市场经营和引导诚信经营的条例、条文，并率先通过市场诚信体系建设验收，成为行业的典范。万兴隆翡翠城开业三年多来，在四会市工商行政管理部门实现了零投诉的纪录，在 12315 消费者申诉举报中心也无投诉记录。2014 年 6 月，万兴隆翡翠城被中国消费者协会授予“全国消费者维权先进工作站”光荣称号，树起了四会玉器市场的全新形象。

方国荣还热心公益事业，2011 年起，他的企业每年从云南贫困地区招收 300 多名学生到四会学习玉雕技术，支持云南腾冲玉器产业发展，促进两地玉文化交流。2014 年，他在翡翠城为深圳职业技术学校设立实践教育基地，还组建了四会玉器行业首个义工组织——万兴隆翡翠城义工协会，定期在四会开展扶贫助学等公益慈善活动。

方国荣诚信经营，以德养玉，才能使事业越做越大，如玉般无瑕剔透。

敬业奉献模范提名奖

黄　旭

好医生舍小家万里援疆

黄旭，男，1976年11月生，肇庆市第一人民医院麻醉科主治医师。

1998年，黄旭从广东医科大学麻醉专业毕业后就进入肇庆市第一人民医院麻醉科工作。18年来，他始终秉持“医者仁心”理念，以精湛医术、高尚医德为患者服务，用“妙手”“仁心”诠释着“好医德”。

2014年10月21日，黄旭随援疆医疗队踏上了新疆的土地，开始了他在新疆生产建设兵团四十九团医院的援疆工作。在援疆的八个月里，黄旭认真做好医疗“传，帮，带”工作，全心全意服务兵团建设与发展，帮助四十九团医院完善相关麻醉科的基础配置，使四十九团医院停用了十多年的手术室重新开启。

正当黄旭专心为新疆人民服务时，他年迈的父亲因感冒诱发肺源性心力衰竭而住院治疗，照顾父亲的重担不得不落在了同是医护人员的妻子身上。父亲重病，作为儿子却不能陪在身边，黄旭感到非常愧疚，可是一想到新疆的病人们正在焦急地等待他，心中那份作为医者的神圣感与责任感便油然而生，他做出了“舍小家为大家”的抉择，全心全意为新疆人民服务，顺利完成了援疆医疗工作任务。

援疆期间，黄旭参与抢救危重患者十多例、接生10例、实施外科手术19例、传帮带学员5名、下乡开展义诊6次，把广东肇庆医生的好医术、好医德带到四十九团的每个角落，为新疆人民带去健康和快乐，扩大了肇庆市援疆医疗队的影响力，让边疆人民感受到党和国家的关怀与温暖。

麦伍梅

十九年照顾病瘫儿媳　八旬老人的大爱情怀

麦伍梅，男，1933 年 6 月生，肇庆市封开县大洲村委会老支书。

一位八旬老人本该享受天伦之乐，颐养天年，他却悉心照顾瘫痪的儿媳十九个春秋，用自己的爱心延续着重病儿媳的生命。这位令人敬仰的老人就是肇庆市封开县大洲村委会老支书麦伍梅。

麦伍梅曾经是个出色的村干部，深受村民爱戴。但是他的人生却十分坎坷。麦伍梅从小丧父母，和妹妹、奶奶相依为命。他中年丧妻，独自抚养 6 个孩子。在他将近 50 岁那年，他的一个儿子又不幸去世。65 岁那年，他的儿媳妇意外摔伤脑部，导致严重瘫痪，成了“植物人”。为了治疗儿媳妇的病，家里欠下 17 万元债务，而麦伍梅的另一个儿子远在他乡打工，基本顾不了家，女儿们也先后外嫁，家庭陷入了困境。“儿媳的病还要不要治？谁来照顾？债务怎么还？”一个个难题摆在了麦伍梅面前。看着躺在床上、眼里充盈着泪水的儿媳妇，麦伍梅心生怜悯，握着她的手说：“我不会丢下你的，我活一天，也让你活一天。”然而，麦伍梅的决定遭到了儿女们的反对，他们认为他已经一把年纪了，没有能力照顾一个瘫痪病人。“儿媳妇也是自家人呀，不能因为没有血缘关系就亏待她呀。作为当家，我要把担子挑起来。”麦伍梅最终说服了儿女们，从此独力照顾儿媳妇。

“雪英啊，你要快点好起来，恢复以前的样子……”这样的话，麦伍梅每天都要对儿媳妇黄雪英说上好几次，为她加油打气，期盼她早日战胜病魔。在漫长的19年中，麦伍梅无微不至地照顾着儿媳。早上6点起床熬粥，给她喂食，然后买菜、收拾房间、洗洗刷刷，抱她坐上轮椅，推到屋外晒太阳。进食、喝水、吃药，麦伍梅都用勺子小口小口地喂，往往需要一个多小时。除此之外，他还要照顾孙辈、放牛、砍柴等，每天下来，不忙到凌晨是上不了床休息的。所幸在他的悉心照料下，儿媳妇有了好转，吃饱后还可以坐着看看电视，从完全失去语言能力到渐渐能用“啊啊啊”的声音表达自己的意思。当邻居们问黄雪英公公对她好不好时，她的眼眶饱含泪水，艰难地吐出：“啊……啊……好……好……”“我是把她当亲闺女了，只要做爹的还有一口气，就要照顾她一辈子。”麦伍梅说。

2016年，83岁高龄的麦伍梅和他的儿媳妇相继去世了，但他悉心照顾儿媳妇的感人故事依然在当地传诵，他的大爱情怀感动了无数人。

彭　哲

孝老爱亲　诠释孝道

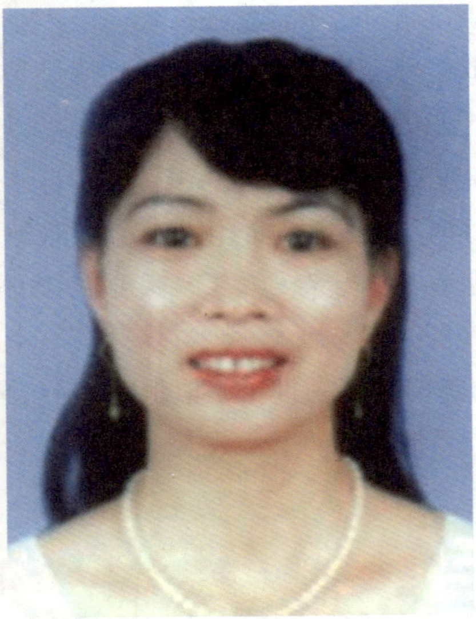

彭哲，女，1961年7月生，肇庆市端州区城东街道景德社区退休工人。

今年55岁的彭哲生活在一个四代同堂的大家庭，上有90多岁患病的公公，80多岁年老体弱的母亲，下有6岁的小孙子。她的丈夫和儿子因为工作关系不常在家中，平时也很难兼顾家中事务，两位老人和小孙子全靠彭哲一个人照顾，她每天不辞辛劳地操持着这个家。

彭哲的公公患有糖尿病、哮喘、老年慢性支气管炎等多种疾病，并且有严重的耳聋病，他的每一餐每一汤，她都要细心安排。因为公公耳聋，彭哲都是靠纸笔与他交谈，家中放着的几本她与公公平日交谈的“书信”，就是她悉心照顾老人的见证！

彭哲的婆婆余容贞享年81岁，生前也一直得到彭哲无微不至的照顾。她婆婆自1998年中风后，患有严重的脑梗塞后遗症，神志不清，长期卧床不起，连最基本的大小便都不能自理。婆婆卧床期间，彭哲不厌其烦地为她换洗弄脏了的被褥，还常常帮她翻身，以防生疮。由于她的细心照料，长年卧床的婆婆没有生过一次疮。

彭哲的母亲李洁珍今年 85 岁，患有心脏病. 发病总是又急又重，如果得不到及时救治就会有生命危险，所以需要亲人及时细心的照料。十多年来母亲住在彭哲家里，由她照顾生活起居。有一次深夜时分，母亲突然心闷气喘，碰巧丈夫和儿子带公公、婆婆回乡下，家里只有她和母亲。彭哲连忙背起母亲去医院，背到路边等了十来分钟也不见一辆出租车来，她非常心急，心想母亲这病不能等，于是背起母亲就往医院走去。也不知道哪来那么大的力气，她背着母亲一直走到医院，一刻也没有停歇。直到进了医院挂了急诊，母亲得到及时的救治，病情稳定下来之后，她才松了一口气。

有人也会问她："照顾瘫痪老人，你难道不嫌脏、不怕累吗？会不会有埋怨呢?"她说照顾好他们是一个儿媳和女儿应尽的义务，已经成了她生活中的一部分，她无怨无悔！当公公婆婆赞她是一个好儿媳妇时，她觉得再辛苦也值得。

彭哲用心做一个好媳妇、好女儿，用心诠释孝道，让老人安度晚年，让家庭美满和睦便是她最大的心愿和幸福。

身边好人篇

聂桂清

警徽在大山深处闪耀

聂桂清，男，中共党员，德庆县公安局官圩派出所沙旁社区驻村民警。

沙旁，一个远离德庆县城的地方，走的是大山，见的是大山，交往最多的是山民，当地人都称它为德庆县的“西伯利亚”。2004 年 10 月 1 日，沙旁派出所撤并到官圩派出所，自此之后诞生了一个冠以民警名字、全市独一无二的警务室——桂清警务室。

警务室唯一的主人叫聂桂清，生于沙旁，长于沙旁，自 1996 年加入警队以来，便与沙旁的一山一水，还有朴素的山民们结下不解的情谊。他甘愿从沙旁派出所副所长的岗位上退下来，当一名普通的社区民警，躬行草根情怀，践行群众路线，年复一年地守护着大山的安宁。

桂清警务室唯一的交通工具是一辆警用摩托车，也是聂桂清的“座驾”。在摩托车的尾箱里，聂桂清常年备着一个厚厚的笔记簿，里面记录着社区内的大人小孩、孤寡老人、特困户和重点人口、重点人员等情况，以及哪个时段、哪个季节、哪些人的纠纷隐患。闲暇时，他总是不忘用一两个小时看一遍，记在脑海里。“如果你到沙旁找人，只要到桂清警务室问一下主人聂桂清，他摸黑也能让你见到要找的人。”村民如是说。

2012 年 6 月 11 日中午，官圩派出所接到德庆县公安局刑警大队的信息，称中山市籍在逃人员刘某钿在辖区沙旁社区出现，要求桂清警务室配合抓捕。获此信息后，聂桂清立即在社区展开调查摸排工作。当日下午 5 时许，他锁定了抓捕对象在永安村委会罗阳村谢某家中。当晚 7 时许，刑警在聂桂清的引导下，在谢某家中成功抓获了在逃嫌疑人刘某钿。次日，中山警方专门致电表示谢意，说聂桂清就像社区的一张“活地图”，对这起案件的告破给予了很大帮助。

“不居庙堂之高，却心系百姓之事。”这是聂桂清的工作格言。庆安村委会车口村的孤寡老人张二天，患有严重白内障。牵挂着老人的聂桂清，从几年前起就先后三次搭载老人到德庆县人民医院诊治，而每次到医院，聂桂清都硬着头皮跟院方领导磨嘴皮，要求减免老人一些医药费。朋友们都说聂桂清很傻，但他凭着这股“傻劲”感动了医院领导，最终院方免费为老人做了切除白内障的手术。“我七十有余，未离开过沙旁大山，未见识过山外‘大世界’，也从不知道什么是幸福。现在我双眼患病，能得到聂警员的热心帮忙，使我重获光明，我感觉自己就是最幸福的人，非常感谢聂警员。”手术痊愈后，老人张二天找到聂桂清说出了这番心底话。

孤儿刘洁梅，因自幼无父母，十多年无户口，谈旭泉、冼月梅、徐伙连、梁留带等5名村民也因为种种原因多年无户口，子女入学、就业、外出探亲访友等问题一直困扰着他们。聂桂清把他们的情况一一写在本子上，记在心头。他根据有关的户籍政策，用半年时间先后走访了30多名知情人，做询问笔录和调查材料23份，向上级公安机关写了详细的报告。一个月后，经上级公安机关批准，终于解决了5名村民的户口问题。5名村民联名制作了一面锦旗送到沙旁社区警务室，锦旗上写着“聂桂清——好警察、村民贴心人”。

粗略统计，自桂清警务室成立以来，聂桂清先后为山里村民办实事、做好事500多件，警务室辖下有5个村委会68个自然村8 000多名村民，十多年来未发生过一起“六合彩”赌博案件和群体性事件等，群众满意度和安全感均在95%以上，社区治安一片艳阳天。

作为一位平凡却不甘于平淡的公安民警，聂桂清扎根深山从警20多年，为村民和山里治安做着一件件实事好事，包括打击违法犯罪、维护社会治安、调解民事纠纷、扶助贫困户和孤寡老人、救护伤病员、寻回迷童等。他以一件件平凡小事，构建新时期警民关系，营造一方和谐、平安，受到村民们的爱戴，谱写着新时期警民关系的和谐篇章。

“在平凡的工作岗位上也可以干出不平凡的业绩，作为守护一方平安的重要角色，必须全力全心服务人民，赢得人民群众的信赖，真正让警徽散发光芒。”聂桂清如是说。他先后被评为“肇庆市十佳卫士”“全国公安机关爱民模范”，荣立个人二等功，被授予“全国政法系统优秀党员干警”和“广东省优秀共产党员”称号。

（来源：《西江日报》，记者：谢江涛，编者有删改）

黎　东

十四年如一日无偿献血

黎东，男，1971年8月生，肇庆市建筑工程有限公司工程部副经理。

他坚持无偿献血14年，献血累计43次，其中机采血小板18次，共20个治疗量，全血采集25次，共7 800毫升，他献出的血能救助20～30名病人。14年的时间，一本本鲜红的献血证，见证了他救助他人、奉献爱心的历程。他就是肇庆市建筑工程有限公司工程部副经理黎东。

1998年，黎东第一次参加无偿献血，实现了救助他人、奉献爱心的心愿。从此以后，他经常参与单位组织及个人自愿的献血活动，坚持了整整14年，从一次献血量由200毫升逐步变为400毫升，从捐献全血到捐献血小板。据统计，从1998—2012年，黎东累计机采血小板18次（共20个治疗量）；全血采集25次（共7 800毫升），献血累计43次。如果说400毫升能救助一名患者，这些累计能救助20～30名患者。

黎东不仅自己主动参与献血活动，还努力以自身的行动带动周围的人。

很多亲朋好友关心他的身体，担心献血后他的身体会有不良反应，或会传染疾病等。每当遇到亲友关切又充满疑虑的问题时，黎东都主动热情地向他们宣讲献血的好处以及献血的意义。慢慢地，同事和朋友们看到他献血后身体没有任何不适，工作和生活也没有受到丝毫影响，也纷纷加入献血这个救助他人的队伍中来。在他的带领下，周围参与献血的人越来越多。

14 年来，黎东为了救助他人，默默奉献。每次患者急需用血时，只要接到献血站的电话，他都会风雨无阻地赶来献血。黎东说："其实，我只是做了一件很平凡和自然的事。我和许许多多参与义务献血的人一样，不是为了出名，不是为了荣誉，只是希望能尽自己的一份力量来帮助他人，用这种方式来奉献自己的一份爱心，让需要救助的人能及时得到帮助。"他先后获得"广东省无偿献血奉献奖铜奖""广东省无偿献血奉献奖金奖""全国无偿献血奉献奖"等荣誉称号。

温志雄

扶起摔倒老人　扬起向善风帆

温志雄，男，1984年生，肇庆市邮政局投递员。

他是一名普通的投递员，九年来，他行走在街头小巷共计十多万公里，投递邮件二十多万件，多次受到用户表扬。

2011年12月27日上午，已经进入寒冬的肇庆却透着丝丝温暖。温志雄和往常一样，驾驶摩托车来到跃龙路78幢小区楼下送报纸。他刚将报纸塞进信箱，就听到“叭”一声，接着传来一阵痛苦的呻吟声。他转身看到离他几米开外，有一位阿婆跌倒了，躺在湿漉漉的地面上动弹不得，表情非常痛苦，而离阿婆较近的几个行人都低头匆匆走过，无人上前搀扶。温志雄见状毫不犹豫地冲上前扶起老人，小心翼翼地将其扶到干净的楼梯旁边，并关切地询问老人伤到了哪里。

老人已经疼得说不出话来，捂着腿，面部表情痛苦不堪。温志雄见此初步判断老人是腿部骨折，于是他拿出手机打电话给急救中心，紧接着又温言安慰老人，缓解老人的痛苦。等老人疼痛稍好些后他便向老人询问其亲人的电话号码，随后又用手机一个一个帮老人联系亲人，直到老人的儿子和救护车到来，才悄然离开。其间，温志雄一直安抚、照顾老人。事后老人的儿子根据温志雄的手机号码得知救人者是肇庆市邮政局的员工，于是以全家人的名义向温志雄以及肇庆市邮政局发去感谢信，对温志雄的义举高度赞扬，称温志雄为肇庆好人。但温志雄更关心的是老人的健康，他和肇庆市邮政局相关负责人一起去探望老人。老人的儿子说，在老人跌倒痛苦得出不了声的时候，曾见到有几个人从她身边经过，但都没有帮助她，直到穿着邮政工作服的温志雄出现。同时他也很感慨："有人说做好事前，要用手机拍视频，或要有人证物证，否则就不去扶，而温志雄则没有想到这些，毫不犹豫地将老人扶起，我很敬佩他！"温志雄说："我不忍心老人家躺在潮湿的地上，只想赶快将她扶起，我只是觉得我做了我应该做的。"

老人紧紧握住温志雄的双手，对他说："小伙子，外面天气冷，出去送报纸时要记得多穿衣服。"眼里充满了感激和爱怜，并亲手送上锦旗表示感谢。

温志雄扶起摔倒老人，向社会传递了满满的正能量，扬起了向善的风帆。

苏寅莲

为孤儿撑起一个温暖的家

苏寅莲，女，中共党员，肇庆市怀集县妇联主席，肇庆市第八届政协委员，肇庆市第十一届人大代表。

她是怀集县妇联主席，又是文星儿童福利中心的大家长，是入住在这里的66名孤儿的妈妈，她用爱心为孤儿撑起一个家，用爱心滋润他们孤独的心田，让他们健康、快乐成长。六年来，她带领县妇联共筹得援孤助困善款近千万元，大大改善了怀集妇女儿童的生活环境。怀集县妇联被评为“全国维护妇女儿童权益先进集体”，她个人获得2011年全国妇女“巾帼建功”标兵荣誉称号。

2009年8月23日，是苏寅莲最开心的日子，因为这一天，首批33位最困难的孤儿入住新家——一个占地面积8 980平方米、建筑面积2 835平方米、活动场所和配套设施齐全的温暖的文星之家。苏寅莲不会忘记当初走访全县孤儿时的心情是多么的沉重，残破的房子、孩子忧郁的脸和躲闪的目光深深地刺痛着她的心。她意识到仅仅解决孤儿的基本生活问题还不够，改善生活环境、让他们身心健康地成长才是根本。从那一刻开始，苏寅莲踏上了为孤儿建一个家的漫漫长路。在她的努力下，为孩子安一个家的梦想一步步得以实现。她在相关部门、工地之间来回奔走，从中心的选址到投入使用，苏寅莲事事亲力亲为。在炎热的夏天，她常常与工作人员一起干活，与办公室人员一起清理中心围墙内的阻碍物，经常一干就是一整天。即使手脚被刮伤，整个人被晒黑，人瘦了一圈，她也不在乎。在她的带领下，在县妇联仅有5名工作人员的情况下，文星儿童福利中心的总体工程自2008年10月动工兴建至2009年8月建成投入使用，历时仅仅一年。

在外人眼里，苏寅莲已经办了一件大事好事，可以歇一口气了。但苏寅莲并不这样想，她觉得福利中心建成意味着她将肩负更大的责任和使命。作为文星儿童福利中心的大家长，苏寅莲一直在为探索适合孩子健康成长的教育和管理模式而努力，除了日常加强对孩子们的体能锻炼，她尤其注重孩子们的心理健康，经常邀请心理老师为孩子们进行心理辅导。高考前一个月，中心的梁洁连摸底考试失败了，情绪十分低落。苏寅莲知道后，亲自开导、鼓励她，请心理老师来稳定她的情绪，还时常煲汤水给她补充营养。在苏寅莲和中心老师的帮助下，梁洁连最终以优异的成绩考取了本科，圆了大学梦。中心出了首位大学生，谁也没有苏寅莲高兴，在欢送会上，她动情地对孩子们说：“只要你们扬眉吐气，我苦点累点又有何妨。”

为了培养孩子们良好的品德和行为习惯，苏寅莲给孩子们划分了“责任地”，学习种菜。她与孩子们同吃同住同劳动，即便是节假日也和孩子们一起度过，和他们一起开荒、播种、除草、施肥。开荒种菜不但培养了孩子们勤俭节约、艰苦奋斗的品质，还为中心每月节省了1 500元的开支。苏寅莲还常常不厌其烦地教育孩子们从身边小事做起，爱护中心的一花一草、一针一线，学会感恩，懂得分享。在她的潜移默化下，孩子们学会了“团结友爱、互帮互助”。

苏寅莲像对待自己的孩子一样呵护着中心的孩子们，每一个孩子的性格、喜好，她都了如指掌。有一次，中心的一个孩子突发阑尾炎，需要住院做手术，苏寅莲衣不解带地在旁看护，邻床病友还误以为她是孩子的妈妈；孩子黎某英参加体检时发现血小板偏低，医生要求复检，苏寅莲知道后，第二天带她去复检，问完了主诊医生，又去找专家，还亲自找副院长确定治疗方案；为了孩子们的学习，苏寅莲经常在教育部门和学校之间奔走，了解孩子们的学习情况，联系教师义工为他们辅导学习，两年来的节假日，除了工作需要，其他时间她都陪着孩子们一起度过。苏寅莲用自己的爱和真情滋润着孩子们幼小的心灵，在孩子们眼中，苏寅莲不是他们的母亲，却胜似母亲。

福利中心的正常运转，离不开苏寅莲的用心，也离不开规范的管理。苏寅莲要求福利中心建立严格的财务管理制度、采购制度和物资进出制度，实行周预算月公开，对于每一笔善款的收支都有明细的台账，并定期上墙公布，自觉接受群众监督。中心财务的精打细算得到了上级领导以及社会各界的认可和信任。

苏寅莲的善举与人格魅力感染了许多人，使社会各界热心人士共同关注、关爱孤儿，而她对孩子们的无私奉献以及对善款的规范管理也感动和激励了很多热心人士。他们纷纷慷慨解囊，捐款捐物，开展帮扶活动，文星儿童福利中心也成为怀集县的未成年人德育教育示范基地。

孔令添

把最美好的年华献给志愿事业

孔令添，男，封开大学生协会会长。

在七星岩牌坊广场的“志愿服务号”，穿着黄色志愿服的志愿者们向过往的市民详解志愿知识小手册，引导他们观看“志愿服务号”上播放的志愿知识小视频。市团委搭起全年不休的志愿服务平台，为孔令添的志愿团队提供了志愿服务的舞台。这一天，孔令添与封开大学生协会的队员们在做着宣传志愿知识的工作。

他总是这样乐此不疲地带领协会队员开展志愿服务，或进社区，或到热闹的街市……孔令添说：“我毕业了以后还会坚持当志愿者，我在最美的年华里当志愿者，做这辈子最值得回忆的事。”“每当读到山里孩子们的来信说成绩又有进步了，每当看到孩子们穿上我们送过去的衣服、鞋子而开心的模样，每当听到孩子们那天真无邪的笑声，我觉得全身的劳累都烟消云散。”这也是他坚持开展志愿活动、做公益之事的动力。

孔令添家乡在封开，那是一个群山环绕的小山村。2011 年，孔令添背上简单的行囊，离开寂静的山村来到城市开始他丰富多彩的大学生活。从小家庭就不宽裕的他深深地体会到山区孩子的教育需要关注和支持，正是从那个时刻开始，他开始参加志愿者活动，通过市志愿者联合会的注册、培训、活动等环节成为一名合格的青年志愿者，从此踏上志愿路。

“当时有个封开大学生协会，由于种种原因，中途好像暂停了。”孔令添说，“我是封开人，我想把‘封协’重新运作起来。”通过市志愿者联合会的牵线搭桥，孔令添了解到这个协会的实际情况，于是接手把封开大学生协会重新组建起来，重新开展志愿服务活动。

孔令添和协会的四名成员做的第一件“大事”就是利用暑期时间自发对封开全县14个乡镇40多个山区小学进行实地考察走访。没有经费，他们就拿着地图开着助力车，一个山头一个山头地找学校，白天踩点，晚上整理资料，每天6点多起床，凌晨才睡，为的只是全面调查了解山村教育现状。“只有真实呈现偏远山区小学的状态，才能引来社会的关注、热心人士的资助。”孔令添如是说。

在孔令添等人的努力下，“朝阳行动”“七彩小屋”“书香暖封开”“鞋梦成真”等活动得到了社会各界的关注和支持：杏花镇乡村小学的孩子们有了崭新的图书、文具用品；金装等镇的乡村小学学生多了一批生活用品和爱心资金；大玉口镇的小寒雄也告别了由竹子搭建的小房子，住上了坚实温暖的新房……“没想到自己的举动也能为孩子们带来改变。”说起这些变化，孔令添脸上难掩喜悦之情。

“老师和哥哥都时常挂念你，你要好好学习……”只要一有空，孔令添就会定期给自己结对帮扶的贫困学生写信。孔令添说：“物质上的困难容易解决，但是精神上的帮扶更有助于孩子们的茁壮成长。”他认为令孩子走不出大山的不仅是物质条件的问题，还有他们内心的自卑情绪。所以，他和协会会员们制订一个长期计划，让大学生和贫困孩子结对，通过大学生自身的经历鼓励孩子积极向上、敞开心扉。

在市委团、市志愿者联合会的指导下，为关爱异地务工子女、农村留守儿童、孤儿、单亲儿童、困难家庭儿童，孔令添参与组织策划了“爱童·梦圆”项目，定期与他们进行电话交流、书信交流、家教辅导等。目前在封开县山区共帮扶了 12 位孤儿、单亲、家庭困难儿童，通过通信交流和面对面心理辅导，其中几名儿童的学习成绩有所提升。“即使以后出来工作了，我也会继续做这项工作，让我们封开的孩子真正走出大山。”孔令添坚定地说。

钟志红

在奉献中收获快乐

钟志红，女，肇庆市中心血站党支部副书记。

钟志红是肇庆市中心血站的工作人员，担任血站的党支部副书记，同时也是一名“献血达人”。自 1998 年 5 月参加第一次无偿献血开始，她已参加了 30 多次献全血和机采血小板，个人的献血总量已达 15 200 毫升，接近一个正常人全身血液的 4 倍。她先后获得了 2008—2009 年度全国无偿献血奉献奖金奖、2009—2010 年度全省无偿献血奉献奖金奖等表彰。

“今天我们伸出的手臂，可能就挽救了一条生命。”这句话常常挂在钟志红嘴边，成为她的口头禅。自 1997 年进入肇庆市中心血站工作，钟志红就一直用自己的实际行动践行着一名无偿献血工作者的爱心承诺。当时，由于国家还未正式提倡无偿献血，社会上的人对无偿献血的认识了解不多，担心献血会影响身体健康，钟志红便做了“第一个吃螃蟹”的人，主动无偿献血，这一献就是 15 年。

2004 年的某日中午，钟志红接到血站紧急需要用 AB 型血的通知，她一放下电话就马上赶回血站献血。经身体检验合格后，她坐在了血细胞分离机旁边的采血椅上，望着殷红的血液从血管里汩汩流出，心里非常欣慰。她献出的鲜血在当日下午就被送至医院，成功挽救了一名危殆病人的生命。像这样的事情，在钟志红身上发生过很多次。每当血站临床用血紧张的时候，尤其是机采献血人数紧缺的时候，她总是第一个站出来，捐血救人。

她认为，通过参与无偿献血活动，可以把爱与希望传递给最需要帮助的人。她也总是跟身边的同事和亲友说："如果我们每个人对于献血都不再恐惧而是积极面对，对有困难的人不是漠视而是热情地伸出自己的援手，对社会不只是索取而是怀抱一颗感恩的心，那么社会就会更加美好和谐。"

钟志红喜欢向身边的人宣传无偿献血的知识。她的家人、朋友都先后被她劝去参加无偿献血。这十多年来，经她劝说来到血站捐血的人近千人，她用自己的真诚爱心和实际行动，带动了更多的市民加入无偿献血的善举队伍中。她还加入了肇庆市红十字会无偿献血义工服务队，经常利用双休日、节假日走上街头做义工，迄今已累计服务近600个小时，并先后获得2009年"无偿献血义工服务优秀个人"、2010年"肇庆市无偿献血五星级优秀义工"和"2010—2011年度全国无偿献血三星级志愿服务奖"等荣誉。

钟志红用自己的热血和行动履行一名无偿献血工作者的责任和使命，在奉献中收获快乐。

朱德发

退休不退岗　为社区传递文明

朱德发，男，中共党员，端州区柳园社区退休工作人员。

67岁的朱德发是一名有着40多年党龄的老党员。他退休不退岗，不辞辛苦，任劳任怨，热心为居民办好事、办实事，积极参与社区各项志愿活动，既是社区的志愿者，又是社区的义务巡逻员、监督员。

居民都说，朱伯是个闲不住的人，城东三区的居民经常会在楼下看到他打扫卫生，清理绿化带。他说："我虽然不住楼下，但看见小区环境干净了，居民住得舒服了，心里就高兴。"多年来，他一直坚持义务清扫，为社区居民创造良好的生活环境。

朱伯还是个爱管闲事的人。凡遇见乱扔、乱倒垃圾的住户，他定会上前说服教育；碰到不文明的行为，他会晓之以理，心平气和地把对方说得心服口服；碰见可疑人员，他也会上前盘问，是一位热心的义务监督员、巡逻员。为配合创建全国文明城市，他主动参加社区卫生整治活动，并发动楼内居民群众参与“创文”活动。在他的带动下，社区环境大为改观。

朱伯还热心帮助困难群众。家住城东二区的王姨与她的丈夫原来都是朱伯的同事，王姨15年前患上了抑郁症，儿子在外地。2008年在丈夫病故后，王姨成了独居老人。她神志时而清醒、时而迷糊，发起病来不认得人，但唯独认得朱伯。朱伯一有空就去看望她，帮她打扫卫生、换灯泡、小修小补等。

朱德发就是这样一位热心助人的身边好人，他为居民做的一件件看似都是平凡的小事，但闪耀着崇高的道德之光，温暖着身边的每个人，为社区传递了文明。

李佩嫦

为社区居民传递温暖

李佩嫦，女，端州区雅图社区党代表工作室党建联络员。

李佩嫦原是高要民政局副局长兼高要市残疾人联合会理事长，1994 年退休后，她热心社会公益事业，致力于社区工作，身体力行地为身边的群众服务，因此在小区赢得很高的声誉，成了城北街道办雅图社区党代表工作室的一名党建联络员。

为了做好社区工作，李佩嫦用可利用的再生纸制作了一本本口袋大小的记事本。她用这些记事本记录了社区里大大小小的事情：谁家的水管坏了，谁家有人生病，谁家的小孩爱打闹……这样的记事本，在李佩嫦的家里已经堆积了厚厚的一叠。不仅如此，李佩嫦每天还要把记录在记事本上的情况汇总到在她看来更“正规”的笔记本上，每一条信息的后面都会用红色笔标明解决方法、解决时间等。

李佩嫦当了党建联络员后更少坐在办公室里了，她说：“基层工作都是走出来的，而不是坐在办公室就能解决问题的。”因此，有事没事李佩嫦都会去小区转转。

李佩嫦出门了解民情的时候，每次都会随身携带的物品中，除了几本党建联络员记事本，还有一个帆布包，包里有一本破旧的便民手册，上面密密麻麻地记着各种联系电话。大到政府机关，小到家电维修，无一不全。社区里的居民如果有需求，一般都会先找李佩嫦，所以“有问题找李姨”很自然地成了小区居民的口头禅。此外，李佩嫦还积极发动组织社区游园活动，举办青少年、老年书画、乒乓球比赛等，丰富社区文娱活动。

她还数十年如一日地关心青少年成长。为了营造良好的教育环境，她首先摸清青少年的底子，利用他们假日和在小区活动的机会，见缝插针地与他们谈心，了解他们的爱好、特长等，并一一记录下来。李佩嫦经常关心、探望广仪三区困难户朱瑞意的儿女，帮助他们追逐自己的梦想，让原本敏感脆弱的家庭逐渐重拾信心。

李佩嫦就是这样用自己的默默奉献，为居民传递温暖。

李建辉

为居民服务是我最大的快乐

李建辉，女，肇庆市端州区厚岗小学教师。

在城东街道塔脚社区为民服务的志愿者人群里，会经常见到这位名叫李建辉的大姐，多年来，她默默地为社区工作，为群众服务。

54 岁的李建辉是一名小学教师，也是城东街道塔脚社区的居民。多年来，她积极参加社区的志愿服务工作，热心为居民群众服务。在塔脚社区开展推进网格化工作中，她争当网格志愿者，利用自己当教师的职业特点，热心为网格贫困家庭的子弟补习功课，小学五年级的小健就是她的一名服务对象。他来自一个贫困单亲家庭，父亲是残疾人，奶奶年老。小健的学习成绩一直不理想，全家人虽然着急，但是也没办法。在李老师的帮助和辅导下，小健对学习逐渐产生兴趣，成绩也慢慢提高了，他的奶奶终于舒了一口气。李老师平时还给小健送上学习用品，令小健感受到社区大家庭的温暖。

城东办事处组织暑期青少年趣味运动会，当时正值暑假，本来准备去旅游的李建辉获知信息后，马上推迟了出游日子，为社区精心挑选出一支队伍参赛。她带出的这个“小虎队”在赛场上过关斩将，获得一等奖，为塔脚社区争得了荣誉。当社区干部向她表示感谢时，李建辉笑眯眯地说：“我也是社区的一分子，这都是我应该做的。”

李建辉常常说做人有三乐：一是自乐；二是助人为乐；三是知足常乐。当别人问她“为什么你一个普通居民能坚持这么多年为社区服务”时，她笑着说：“能在我的有生之年，为社区、为居民群众做点事，是我最大的快乐和最大的幸福。”

冯　辉

用大爱浇灌文明之花

冯辉，男，中共党员，广东羚光新材料股份有限公司工艺员。

冯辉是广东羚光新材料股份有限公司一名做新产品研发的技术员，也是一位无偿献血志愿者，是肇庆市血站星级义工服务队中的五星级义工。

他的献血经历是从2000年在广西桂林读大学时开始的，十多年里，他在桂林、肇庆两地总计献血达80次，参加义务服务300小时以上，曾获得过全国无偿献血奉献奖3次，省级奖项3次，市级奖项多次，还获得全国二星级义工及肇庆市五星级义工的光荣称号。十多个鲜红的献血证和十多本奖状记录着他的每一次献血，记录着他从献血志愿者成长为献血公益活动义务宣传员的历程。

2000年，冯辉第一次去献血时想法很单纯，想在跨世纪生日时给自己留下一份美好的回忆。以后他每年生日都会定期去献血，他认为这一小小的举动既能够帮助别人，还能让自己的生日过得有意义。

大学毕业后，他来到肇庆工作，仍一如既往地坚持定期到血站献血。2006年的一个冬夜，肇庆市血站的一个电话让他加入了献机采血小板的行列。当时电话里说病人急需用血小板，他爽快地答应了。从那时起他才了解到血小板和全血的不同。血小板的生长周期短，献血后也能更快地恢复到健康状态。这更坚定了他长期献血的决心。

“只要人人都献出一点爱，世界将变成美好的人间”，献血救人，行为高尚。为了让更多的人加入无偿献血行列，2011 年冯辉加入了肇庆市中心血站星级义工服务队，通过这个义务宣传无偿献血的平台，宣传献血知识，宣传无偿献血的好处和意义，帮助人们克服心理上的障碍，消除对献血的误解，鼓励更多的人加入无偿献血的行列。

这几年，只要有时间，他就去做义务宣传工作，他的志愿服务时间已超过 300 小时。

冯辉说，作为一名基层党员、一名普通的献血者，能够帮助和影响更多的人就是他最大的快乐。他愿意用自己的爱和奉献浇灌社会的文明之花。

黄五跻

为贫困学生圆读书梦

黄五跻，男，高要区国家税务局科员。

黄五跻是高要区国家税务局一名普通的科员，20 多年来他勤俭节约、慷慨解囊，帮助贫困学生圆读书梦，资助两名贫困学生从初中读到大学毕业。

黄五跻资助的第一位学生是他儿子的同班同学小邓。小邓家里有兄弟姐妹四个，仅仅依靠父亲一人摆个小摊档维持生活，生活极其艰难，因为小邓是女孩，其父想让她辍学打工。黄五跻知道后，觉得这么好的一个读书苗子不读书太可惜了。于是，他决定捐资帮助小邓完成学业。从 1993 年起，这一帮就是 20 多年。他除了在经济上帮助这个小女孩，还帮她克服学习上的难题。无论是小邓在学习成绩不理想的时候，还是她要参加司法考试的时候，黄五跻都第一时间与她分析原因，给予鼓励。在他的帮助下，小邓以第一名的成绩考上华南师范大学法律系，现在广东省某单位培训中心担任法律教师，有了稳定的工作和经济来源，她的家庭也有了翻天覆地的变化。

黄五跻资助的第二位学生是曾为他儿子辅导过英语的高中生小吴。当时小吴刚考上大学，成绩优异却家境贫寒，大学的录取通知书让她的家人既喜又忧，喜的是寒门之女考上大学了，忧的是高额的学费从何筹集。黄五跻得知情况后，二话不说给小吴送上第一笔学费，此后接连不断，直至大学毕业。他前前后后为这两名学生捐资达到了十多万元。

在受捐助的孩子眼里，黄五跻是一位慷慨大方的邻家大叔；在身边的朋友眼里，黄五跻却是个克己节俭甚至对自己有些“抠门”的人。他不抽烟、不喝酒，几乎不外出吃饭，连手机也是旧款式，每天早上步行几公里转乘公交车去上班，装修房子自己刷墙。可就是这个在别人看来节约得有些过分的男人，把打算买房的积蓄一次次无偿捐助给了贫困学生，在他人需要的时候慷慨解囊，伸出援手！

在同事眼里，黄五跻是一个热心肠的人。单位的同事子女身患重病，他忙前忙后给予帮助；三峡移民的小孩身陷火海，他也勇于救助。

一个人做一件好事容易，可坚持二十年如一日地默默做好事很难，但黄五跻做到了。他做得洒脱从容，做得来去无痕，不图回报，他的无私奉献感动了身边的每个人。

陈家恩

孤寡老人心中的大恩人

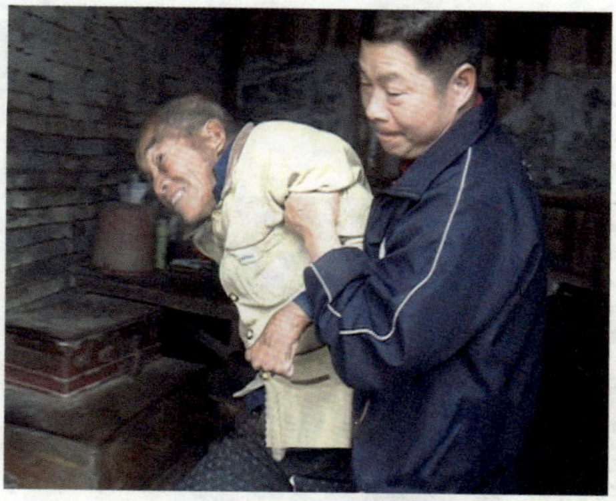

陈家恩，男，中共党员，广宁县坑口镇赤水村委会柯木村民小组组长。

“他是一个好人，一个大好人，如果没有他，我哥哥估计早去阎罗王那里了，特别是我父亲去世后……好几次死里返生了……如果不是他一直照料，我哥哥至少不会活得像现在这样好……真的非常感谢他。”村民成玉英远嫁的妹妹说的这位大好人，就是广宁县坑口镇赤水村委会柯木村民小组组长陈家恩。

56 岁的成玉英是一位肢体残疾者，生活无法自理，长期卧床，一生未婚娶。2003 年成玉英的父亲去世后，村民小组组长陈家恩把照顾成玉英起居饮食的工作全部包揽下来，十一年如一日尽心尽力地义务照顾成玉英。每到用餐时间，陈家恩都会雷打不动地先把饭菜送到成玉英家后再自己进食，有时事务繁忙实在分不开身，便会再三叮嘱家人送饭。“玉英可怜呀……”陈家恩时常这样对家人和亲戚朋友说，说到动情处，更是忍不住眼含泪光。因为成玉英长期卧床，为了防止他生褥疮，陈家恩坚持每天为他擦洗身体，帮他定期洗晒被铺。除了照顾好成玉英的三餐，为了成玉英生活得更舒适，陈家恩还坚持每天帮他清洁卫生。成玉英生病期间，陈家恩更是床前床后忙个不停。如此无怨无悔地照顾一个毫无血缘关系的人，不仅成玉英的妹妹感动，全村的父老乡亲都深受感动。

作为村民小组组长，陈家恩除了全心全意做好日常事务，还尽心竭力、想方设法改善本村孤寡老人的生活条件，时常到他们家里去探望老人，及时了解老人的需求，并尽力帮助他们。

陈家恩 20 多年来，除了照顾好本村的困难老人，还坚持为镇敬老院做义工，时常从自己并不充裕的家庭开支中分出一部分资助敬老院。每次来到敬老院，敬老院的老人们都亲切地称呼他的乳名“三记”。与老人拉家常、打扑克成了陈家恩最开心的事情，一“玩”就是半天或一日，临走时老人总再三叮嘱他：“三记，以后多点来……你来了，院里就热闹了……”

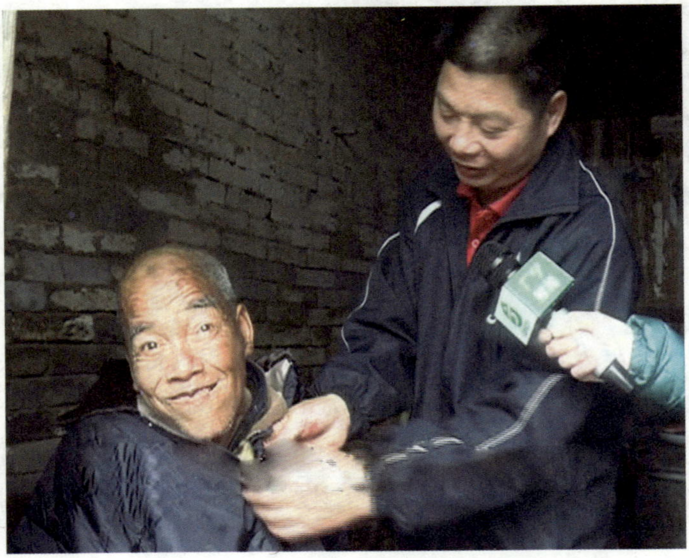

每年的九月九日重阳节，到敬老院探望老人更是陈家恩自定的固定事务，即使工作再忙，他都想方设法到敬老院看看，为老人送上节日的问候和礼物，他说：“老人开心，我才觉得安心。”

陈家恩几十年如一日地关心、帮助孤寡老弱，用他的善良、爱心温暖着孤寡老人的心。他总是这样教育自己的子女：“无论我们的能力有多少，尽自己的能力去帮助一些有需要、有困难的人，这样的生活才会开心，才会有意义。”

邱亚莉

晚霞璀璨紫荆美　古稀老人爱奉献

邱亚莉，女，1939 年生，中共党员，端州区紫荆花合唱协会会长。

每逢周一清晨，在端州城东文化站三楼明亮的综合室内，总会传出阵阵嘹亮的合唱声。这是一群退休老人在排练歌舞，只见她们个个衣着时尚，精神焕发，聚精会神地练习。在前台教歌舞的是一个风度优雅的女老师，只见她时而教学员们专业发音，时而亲自示范舞蹈动作，其歌声如黄莺出谷，其舞蹈如兰花吐蕊，其精神令人折服，她就是端州区紫荆花合唱协会会长邱亚莉。

邱亚莉一直从事文艺工作，原为湖南省民族歌舞团的国家二级演员。1995 年邱亚莉退休，来到丈夫家乡肇庆市安度晚年。一生都奉献在舞台上的邱亚莉，在 2009 年成立了肇庆市紫荆花合唱协会，现在是该志愿者合唱协会的会长。她多年的志愿服务精神，对家人的影响潜移默化，如今一家三代都是志愿者。

紫荆绽放，风雨兼程。作为该合唱队的带头人，她做到了不计任何报酬。为协会找经费、筹备表演和技术指导等，邱亚莉从来不怕辛苦和烦琐，更认为这是责无旁贷。“奉献多一些，索取少一点。”邱亚莉认为那样的人生才更有意义。

多年来，该协会已参与文艺演出 100 多场，每一场义演，都凝结了邱亚莉和会员们的智慧与汗水。除此之外，邱亚莉还发动会员为困难群众捐款，如 2008 年冰灾、汶川地震的捐款活动，2013 年“为了孩子·为了母亲”的义捐活动，2014 为怀集山村小孩进行募捐等。

“家人对我担任协会会长的事，虽然认为是非常辛苦的，但也很支持与赞许。”邱亚莉说。

言传身教是最好的教育。邱亚莉自己是党员，她的二儿子和女儿也是党员。儿子与孙女在单位和学校积极做事，经常参加志愿活动。邱亚莉对此感到十分的自豪与骄傲。

“二儿子李斌今年快 50 岁了，仍是单位的活跃分子，也特别能吃苦。”邱亚莉说，“儿子常常是单位活动的组织者，有时还会自掏经费，但他一点儿都不介意。单位的工会活动、运动会等，都能看到他的身影。”

邱亚莉的孙女李诗晴今年 22 岁，大学快毕业了。“我孙女初中在肇中读书，还担任了团委秘书长，常常组织同学参加义务活动。”邱亚莉说，“诗晴高三就入党了，她有时还会去居委帮忙做文书工作。她小学一年级时坐公交就已懂得给老人让座。这些我都没刻意去教，都是言传身教的结果。”

李诗晴说，她是受到奶奶和家人影响而投身公益事业的，并认为志愿者的作用在于能感染更多人一起传递温暖。

晚霞璀璨紫荆美，古稀老人爱奉献。78 岁高龄的邱亚莉老人，依然醉心她的文化志愿者工作，无私奉献着自己的才情和爱心。

（来源：《西江网》，记者：陈颖瑜，编者有增改）

江银萍　陆　瑶　冯火宜

最美少女救助晕倒老人

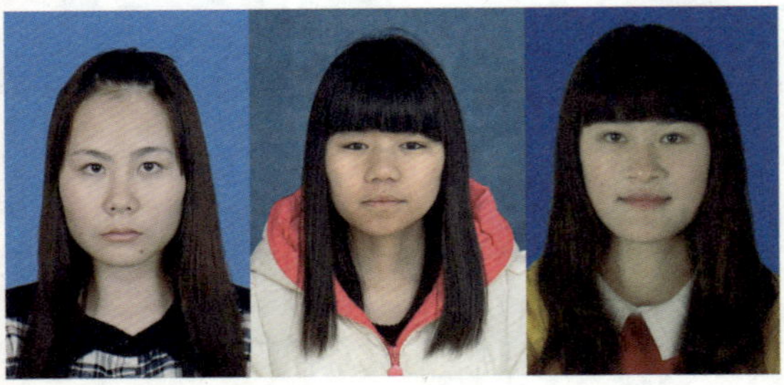

江银萍、陆瑶、冯火宜，女，肇庆市广宁卫生中等职业技术学校2014级学生。

2014年3月中旬的一天，广宁县广播电视台接到南街镇京溪村的黎伯报料称，他几天前在县城购物的时候不慎跌倒几近昏迷，幸好被三名好心的学生扶起并送院救治。对于这三名做好事不留名的学生，黎伯在心存感激之余，还希望媒体将这样的好人好事报道出去，让更多的正能量在社会传递。

这一爱心之举经县电视台报道后，引起了社会广泛关注。经多方查找，终于找到了这三位“活雷锋”，她们就是肇庆市广宁卫生中等职业技术学校2014级春季护理专业的学生江银萍、陆瑶和冯火宜。

黎伯说，当天他摔倒后头晕目眩，“轰”的一声跌倒在地，手臂脱臼了，不能动弹，已经没有力气站起来，这时刚好有几个学生经过，把他扶起来，然后找了张凳子让他坐下，到药店买了止血贴和纱布帮他包扎后，通知他的家人过来，带他到医院诊治。

说起这起救人之事，三位同学都表示，其实她们做的是一件很微不足道的事，她们说向需要帮助的人施以援手是每一个年轻人义不容辞的事，助人为乐既可以让别人受助，又可以让自己快乐。

她们还说，“我们是读护理专业的，我们过几年毕业后也会是一个白衣天使。南丁格尔说过：‘我们应该有颗善良的心和一双去帮助他人的手。’我们要多做好事，只要人人都付出一点爱，人间将会变得更美好”。

三名女学生的善举在社会上引起很大反响，大家纷纷称赞她们是当代助人为乐的“活雷锋”。她们纯洁的心灵、善良的举动向社会传递了温暖人心的正能量。

黎汉良

助人为乐　夕阳添彩

黎汉良，男，肇庆市教育局离退休党支部委员、党小组组长。

“黎伯是一个很热心的人……”在端州城区星湖奥园小区里，无论是小区的保安还是居民，基本上都认识黎伯。

黎伯名叫黎汉良，今年已经 79 岁，是一名有着 50 多年党龄的老党员。1997 年他在肇庆市教育局勤工俭学办公室主任的岗位上退休后，十几年如一日，助人为乐，热心为社区居民服务，积极为构建和谐文明小区出谋划策，协助物业管理部门修改小区管理规章制度。过去小区的绿地、树木经常遭到损坏，每件事他都看在眼里，记在心上，积极向物业反映，并在花园里树立宣传牌；过去养狗的业主较多，影响居民休息，狗的排泄物到处可见，他带头清理，并耐心劝阻，以自己的模范行动，教育和感动了养犬人。现在这些乱象消失了，居民们都夸他是创建文明和谐小区的带头人。

在黎汉良家里的书柜里，摆满了传统文化的书籍和光盘，其中还包括大家耳熟能详的《弟子规》。他说："我觉得中国的传统文化对一个人的健康成长起着非常重要的作用。"为此，黎汉良不仅专门去购置了《弟子规》《孝经》等书籍，还写了不少关于修身养性的文章送给邻居，迄今已经送出了相关书本500多本、光盘200多张。

"光盘都是自己花钱刻录的！"原来，黎汉良每当看到一些比较经典的传统文学的光盘，都要去刻录一些，送给邻居，"花的钱不多，看过光盘的孩子和家长能受到教育，这才是最重要的"。

"邻居家的小孩子有什么问题，家长会叫我跟他说说。"黎汉良说，有一户邻居因为父亲身体不好，母亲忙于生意，疏于对小孩的管教，小孩特别调皮。"当时我就跟他谈心，说说他家里的情况和问题，他很懂事，很快就明白了，现在读书很认真，成绩也不错。"

对于黎汉良，小区的工作人员和邻居都赞不绝口。"黎伯随和，待人非常亲切，常助人为乐。"邻居李丽玉说："有时出门才发现下雨了，没带伞，黎伯会送伞给我们先打着，还会教我们很多为人处世的道理和保健养生的知识。"

"我觉得邻里关系就应该是这样，笑颜相对，相互帮助！"黎汉良这样说。他为创建文明和谐小区做了大量工作，促进了小区的和谐文明建设，2013年星湖奥园还被评为肇庆市唯一的"省优"——"广东省物业管理示范住宅小区"。

黎汉良还积极协助市教育局老干部科做好老干部工作，担任着市教育局离退休党支部委员（兼党小组组长）和老干部协会副会长等职。他对分工给自己的工作就像在职时一样，认真负责，任劳任怨，经常走家串户，及时了解离退休同事的情况，和老干科同志一道做好服务工作。遇到老同志有不顺心的事，他都主动去安慰和疏导，化解他们的心结，让他们愁眉变笑脸；当组织郊游或考察活动时，对年纪大或身体欠佳的老同志，不论上下车或走路他都搀前扶后地照应他们；老同志卧床不起或身患重病住院了，他总忘不了去慰问、谈心、嘘寒问暖，交流抗病的经验，并鼓励他们战胜病魔，早日康复；对"空巢"老人，他经常上门和他们谈心，或邀请他们加入体育锻炼的行列，丰富晚年生活，避免孤单和寂寞。

黎汉良乐于助人，无私奉献，赢得大家的称赞。他被肇庆市教育局直属机关委员会评为"优秀共产党员"，2011年7月被评为"优秀党务工作者"，2014年被评为"肇庆市身边好人"。

雷剑冰

“爱心妈妈”抚育弃婴

雷剑冰，女，怀集县人民医院护士。

她小心翼翼地抱着她——一个瘦弱、可爱、只有几个月大的小女孩，生怕自己稍一用力，便会弄伤这个脆弱的小生命。她不停地逗着她：“小静，你乖乖呀！”“小静，你想妈妈了吗？”“小静……”疼爱之情溢于言表。偶尔，她还会在那粉嫩的小脸蛋亲上几口，外人看见，不禁对她们这种真挚、温馨的“母女”之情投来羡慕的目光。

这位“母亲”是怀集县人民医院影像科的雷剑冰，她抱着的女婴是医院新生儿科的一名弃婴。

2013 年 6 月，医院新生儿科接收了一名遭遗弃的女婴，女婴八个月大，护士们给她取了个昵称——小静。一天，护士将她抱到影像科做检查，雷剑冰看见这个虽从一出生便失去爱，但长得水灵可爱的小女孩，内心的母爱不禁汹涌澎湃。她紧紧地抱着这个稚嫩的小生命，抚摸着她的小手小脚，亲吻着她略显苍白的小脸，不禁流下了怜惜的眼泪。从此，她爱上了这个小女孩，成了小静的妈妈。每次看见“女儿”，不管多忙，她都会情不自禁地亲吻、逗弄“女儿”一会儿。

“世上只有妈妈好，有妈的孩子像块宝；世上只有妈妈好，没妈的孩子像根草。”小静没有妈妈呵护，雷剑冰痛在心里。为了让小静得到妈妈的爱，她干脆把她接回家去。喂饭、喂汤、洗澡，像疼爱自己的女儿那样把她打扮得漂漂亮亮的。雷剑冰的爱人也十分支持她，对这个新成员也十分疼爱，而他们的亲生女儿，对这个“妹妹”的到来也非常高兴，这个“四口”之家常常传出幸福的笑声。

因为女婴是医院的一名患者，按医院规定，患者是不准随便长时间离开医院的。雷剑冰便在工作之余，买些上好的食材，煲美味可口的汤、粥，带回医院给小静喝。看着小静美美地喝着汤、粥，她的心也甜滋滋的，似乎所有的疲劳也跟着消失得无影无踪了。

小静沐浴着“妈妈”的爱健康地生长着。不知不觉，她快满一岁了，一个令雷剑冰伤感却又欣慰的消息传来——小静被合适的人家收养了。“她终于有了一个真正的家了。”雷剑冰话语中充满了对“女儿”成长的希冀，还有一个母亲的无限柔情。从此以后，雷剑冰便多了一份无尽的牵挂，而她对这个弃婴的真情与爱也感动了很多人。

陈社建

用爱呵护学生健康成长

陈社建，男，德庆县德城一小教师。

陈社建是一位有着30多年教龄的老师，几十年来，他用爱心精心呵护着每位学生，特别是对那些留守和家庭贫困的学生，总是给予无微不至的关爱。

陈社健爱生如子。三年级二班的苏思儒和李小然的父母都在外地打工，看到这两位留守学生远离父母，缺乏父母的照顾，陈社健做起了他们的“爱心爸爸”。他经常利用课余时间与他们谈心、做游戏，放学后给他们补习功课、检查作业，牺牲双休日到他们家中家访，了解他们的家庭情况，与孩子的爷爷奶奶一起商量教育方法。他先后与20多名家庭贫困学生结对帮扶，让他们感受到父母般的关心和疼爱。

陈社建的生活十分节俭，可是逢年过节，他总会给他的“孩子”们买衣服、礼物，为的就是给他们多一些温暖。同学们都说，“我们感谢他，感谢他帮助我们、教会我们做人”。

陈社建所带的班级个个都是学校的先进集体，他带的学生个个都是尊师守纪的好学生。这一切不仅来自他的爱岗敬业、无私奉献，而且有赖于他对学生倾注的爱。班级上一名外地学生住院开刀，他和班上学生轮流陪夜，还每天炖补品送去医院；中秋佳节，学生在家休养，他带领班委干部购买月饼和水果上门慰问。班上学生遇到困难，都愿意向他倾诉，学生有什么难题，他总能令其迎刃而解。

陈社健三十年如一日，兢兢业业，教书育人，用爱呵护着每位学生健康成长。

黄慧明

以助人为终生职业

黄慧明，女，肇庆市西江社会工作服务中心副总干事。

她多年从事志愿服务工作，为公益慈善事业默默付出。她就是肇庆市西江社会工作服务中心副总干事黄慧明。

黄慧明原是肇庆市一家私营建筑公司的普通职员。2006 年，她无意中在网上看到全国性的民间公益网站——麦田计划，网站里面那句“谢谢孩子们给了我们表达爱的机会”和在全国各地开展的不同形式的走访活动，深深地吸引了平时热心助人、心地善良的她。于是，她很快就在网上注册成为麦田计划的一名志愿者，利用工作之余走访山区贫困民办代课老师和困难儿童，为怀集县永固镇富帮、保安小学，以及怀城镇木兰小学筹办了三间肇庆麦田图书室，每间图书室的图书达到一千多册，为贫困山区儿童带去知识和欢乐。她因此获得麦田计划 2006—2007 年度金色麦客奖，对志愿者所奉行的不计回报、帮助他人、服务社会也有了更深的理解和认识，她同时加入了其他民间志愿组织，如香港共享阳光、肇庆心连心扶贫助学分会等。

2008年，黄慧明和共享阳光的几个骨干义工了解到，散居在城市和农村的孤寡困难“三无”老人正忍受着孤寂凄凉的生活，非常需要帮助，于是他们决定牵头组织成立一个以助老、扶贫为主要服务内容的民间志愿组织。经奔走努力，他们终于在当年7月顺利领取了“肇庆市端州区慈善会阳光分会”法人社团登记证，使之成为合法的民间非营利性组织。

阳光分会成立后，黄慧明在网上组织义工到社区探访、核实城区各片区“三无”老人情况，并选取若干名生活特别困难的老人家进行定期上门探望慰问。从那时起，她就把这些孤寡老人们当作自己的亲人看待，让他们感受到社会的温暖和关爱。有位89岁的“三无”老人罗婆婆独居在旧式平房里，因为患有风湿病关节炎只能睡在床上，生活不能自理且神志不清，平时除了民政居家服务员每日上门做短暂服务，基本无人过问。她马上将罗婆婆的情况发布到网上，呼吁社会爱心人士为她筹集善款，帮助她入住福利院。在他们的努力下，罗婆婆终于顺利入住福利院，生活有了妥善照顾。

在城西居委沙街大桥脚的一幢平房里，居住着一位60多岁的“三无”老人姚婆婆。黄慧明认识姚婆婆时，正逢老人连续受到独生儿子遭交通事故离去、丈夫病逝的双重人生重大变故，心灵受到极大打击，老人多次产生轻生念头。她多次组织义工上门探访，耐心地开导姚婆婆，鼓励老人家勇敢面对困境，经过一段时间的努力，终于令姚婆婆打消轻生念头，还接受她的建议，扩大人际交往圈子，积极参加各种社交活动，精神面貌焕然一新，重新燃起生活的希望。

几年来，黄慧明通过对困难老人的探访活动，认识到公益慈善团体对困境老人这个弱势群体志愿服务工作的必要性。2011 年 7 月，在她的积极建议和努力下，组织申报材料参加了广东省团委和广东省志愿者联合会等单位联合举办的首届珠江公益节“双千一百”评议活动，其中阳光分会三个自创服务品牌“爱心聆听——孤寡老人关怀计划”“希望的阳光——重大疾病对象扶助计划”“阳光爱心屋——危房改造计划”均得到认可，被确定为“爱·大家”首届珠江公益节的“千个公益项目”，端州区慈善会阳光分会也在这次活动中被确定为“千家公益社团（团队）”。而她本人也因多年来坚持从事志愿服务工作，荣获“2011 年广东省五星志愿者”的称号。

经过多年的志愿服务经历，黄慧明认识到要更专业地从事公益慈善事业，必须具备专业的知识和技能。她积极参加各种业务培训学习，在 2012 年考取了国家初级社会工作师证书。2014 年 6 月，为了更专心地从事公益慈善事业，她正式辞去原来轻松的工作，到肇庆市西江社会工作服务中心当了一名专职社工，实现了她以助人为终生职业的愿望。

陈　键

护送高位截瘫同学上学

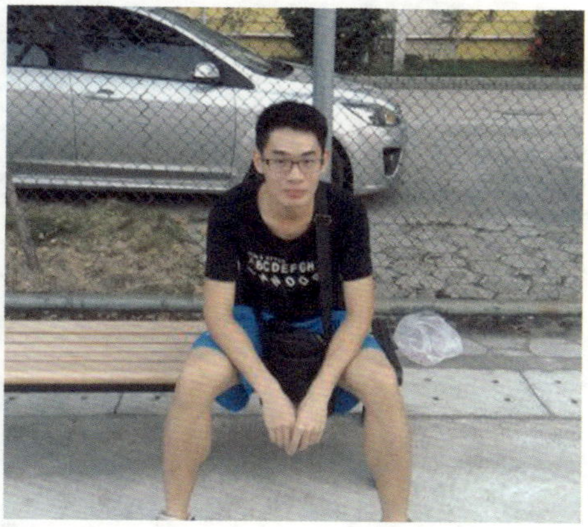

陈键，男，肇庆学院计算机学院 2013 级学生。

陈键是肇庆学院计算机学院 2013 级的一名学生，他的高中同学王熙婷患有高位截瘫，高中三年，陈键与 11 位同学一起帮助王熙婷上学，四人一组，轮流负责把王熙婷连同轮椅从宿舍抬进教室。高中毕业后，凑巧的是，陈键与王熙婷同时考入了肇庆学院计算机学院/软件学院，两人再次同班，于是陈键发起成立了王熙婷护送队，将爱心接力棒传递下去，并成为护送队的队长。

王熙婷患有高位截瘫，一直坐在轮椅上，生活不能自理，上下楼梯、上下课都需要人帮助。王熙婷护送队有二十多位志愿者，专门在上下课的时候负责接送王熙婷，很少出现迟到现象。大热天或者下雨天的时候，队员们还会帮王熙婷撑伞，遮阳挡雨。而对于一些在高楼层教室上的课，遇到没有电梯或者电梯故障的情况，虽然队员们抬着王熙婷和轮椅很辛苦、很费力，特别是夏天，护送队员们个个都大汗淋漓，但他们毫无怨言，坚持把王熙婷安全送到课室，又送回宿舍。随着陪伴王熙婷的时间越来越长，彼此之间愈发熟悉，他们已经成为王熙婷的家人，一起吃饭，一起上课，一起去图书馆借书，一起谈理想……在一点一滴的生活陪伴中，护送队的小伙伴们无微不至地照顾着王熙婷，在这个友爱的团队中，爱与责任让他们成长为勇敢、独立、有爱心、有责任感的人。

郭剑恒

三进火场勇救独居老人

郭剑恒，男，1987 年生，广东省肇庆市中医院药师。

2012 年 7 月 5 日晚上 8 时左右，夜幕已经降临这个安静祥和的城市，只见在肇庆市端州区登高路 4 号的小区里蹿起了火光。肇庆市中医院的青年药师郭剑恒在回家的路上，发现小区 1 栋四楼冒出了浓烟。一阵塑料燃烧后产生的刺激性气味充斥在空气中，附近几栋的居民都纷纷大喊救火，小区保安员发现后马上拨打 119 火警电话。

郭剑恒发现四楼火灾现场火光明显，而且有大量浓烟，但四楼的住户对居民的呼叫却没有任何反应。他知道居住在这栋楼的住户大多数是退休的独居老人，大多行动不便，而这个时间段有部分老人家可能已经入睡了。郭剑恒马上奔往现场，组织居民对这栋楼的老人进行疏散。二楼的李爷爷早年因病导致下肢瘫痪，而且年事已高，经过多番唤门无果后，他用身体向大门猛烈地撞了几下，门被撞开后，看见李爷爷坐在沙发上昏睡。他马上把李爷爷唤醒，把老人背到楼下，扶到安全的地方。一同前来帮忙的郭剑恒的父母担心儿子的安全，得知儿子把人救了下来后，心头大石才落地，帮忙照顾伤者。

郭剑恒又与邻居二度冲进火灾大楼，他母亲倍感担心。这时的烟雾比之前更浓烈，滚滚浓烟迎面袭来，呛得人无法呼吸。郭剑恒等人冲到了五楼欧爷爷家，由于欧爷爷行动不便，大伙合力把欧爷爷抬到了楼下安全的地方。接着郭剑恒与几位邻居又一次冲进火场把三楼等待救援的两对老夫妇带了下来。这时消防队赶到，迅速把火扑灭了。因为人员疏散得及时，没有造成人员伤亡。大家都纷纷称赞郭剑恒等人见义勇为的行为，避免了这次火灾所可能造成的伤亡。

2011 年郭剑恒进入肇庆市中医院工作。他工作兢兢业业，积极参加医院、社会组织的各类公益活动。他在这场突如其来的火灾中见义勇为，也是在实践“大医精诚、仁爱救人”的精神。

梁荣恺

跳江救人不留名 诠释见义勇为

梁荣恺，男，高要环保局监察大队干部。

2013年10月27日下午4时，在肇庆大桥底下的西江边，高要环保局监察大队干部梁荣恺上演了一场生死时速。为了救一名落水小孩，他没有半秒迟疑，纵身跳入江中，将落水小孩成功救起，并和朋友们一起对小孩实施抢救，最终孩子转危为安。

10月27日下午，12岁的宋善峰和三个小伙伴一起在肇庆大桥下的江景绿道骑游。宋善峰摔了一跤，便来到西江边打算把沾满泥土的手洗干净，谁知道脚下一滑，瞬间就掉进了江中。江水湍急，宋善峰努力挣扎着要往岸上爬，但始终无法靠近岸边，小小的身躯眼看就要被江水冲走。

当时，同行的小伙伴都吓呆了，大喊“救命”。这时候，正在附近的梁荣恺听到了叫喊声，他快步奔过去，看到江水中漂着一小撮头发，落水的孩子眼看就要被江水完全淹没了。

梁荣恺连衣服都来不及脱掉，便直接跳入江中，把快被江水淹没的宋善峰紧紧抓住。水很深，水流湍急，哪怕成年人掉下去也会很快被淹没。梁荣恺深吸一口气，用力把已经昏迷的宋善峰往岸边拖。12岁的小善峰当时已经失去了知觉，全身无力，又喝了不少江水，身体沉重，梁荣恺努力了好几次都未能把他托上岸，渐渐体力不支，幸好在随后赶到的朋友的帮助下，成功将孩子救回到岸上。

被救上岸的宋善峰失去了呼吸和心跳，梁荣恺和朋友以及另一名热心路人赶忙对宋善峰实施抢救。经过抢救，宋善峰吐出了一大摊水，心跳也渐渐恢复了。

这个时候，金渡镇卫生院的救护车赶来，看到已初步脱离危险的小孩被送上救护车，梁荣恺松了一口气，悄然离开了现场。

宋善峰的父亲宋肇展知道孩子遇险后，便急忙赶到医院，见到儿子安然无恙，他的心中满是感激。几经周折，终于知道了孩子的救命恩人就是高要环保局监察大队干部梁荣恺。

怀着无限的感激，宋肇展带着孩子来到高要环保局，找到了儿子的救命恩人，送上了一面绣着“见义勇为　英勇救人”的锦旗。

面对获救孩童亲人的感激和周边同事的称赞，梁荣恺很淡然，他说：“无论谁遇到都会伸出援手的。”当前来采访的记者问及救人时是否想过后果时，他说：“当时情况危急，来不及多想。”

记者问：“如果下次还遇到这种情况，你会怎么样？”“我想我还是会毫不犹豫地去救人！”梁荣恺说出这句话时显得无比的坚定。一个平凡的人，一句平实的话，彰显人性的善良、人间的大爱！

董挺然

勇救车祸伤者　彰显人间真情

董挺然，男，怀集县地税局城区税务分局干部。

2013年8月19日下午4时45分，怀集县地税局城区税务分局干部董挺然趁双休日与妻子回乡下甘洒镇探亲。当他们驾车从甘洒返回县城途中，目睹了一起交通事故：一名小女孩突然横穿马路，一辆摩托车迎面快速驶来，由于家长来不及制止，司机来不及刹车，小女孩被摩托车猛烈一撞，身体重重地摔在水泥路面上，一动不动！见此情景，董挺然夫妇急忙停下车察看，小女孩已不省人事……

时间就是生命。在这个紧要关头，董挺然毫不犹豫，赶忙协同肇事司机和家长，迅速把小女孩抱上自己的车，送到怀集县人民医院救治。在医院急救中心，董挺然夫妇又帮忙挂号，稳定伤者家属的情绪，忙得满身大汗。

由于董挺然夫妇的倾心帮助，伤者得到了及时治疗，其家长感激不已。当伤者一切都安顿好后，董挺然夫妇没有留下姓名就悄然离开了。

董挺然夫妇在别人最需要帮助的时候伸出了援助之手，用自己的行动传递着社会正能量，彰显着人间真情。

梁建尤

忠诚为民　勇闯火海

梁建尤，男，1968 年 10 月生，四会监狱一监区三分监区管教员。

他二十多年如一日地奋斗在监狱工作第一线，先后被评为监狱个别教育能手、教育转化先进个人，记个人嘉奖一次，荣立个人三等功一次。他因见义勇为、救火救人又荣立个人二等功一次，2013 年被评为“肇庆市身边好人”。

2012 年 6 月 1 日，刚下班回家的梁建尤，突然听到窗外传来一阵阵求救声。当他得知对面房子的居民因使用煤气瓶不当而引起火灾时，他的第一反应就是尽快灭火救人，否则将直接威胁整栋楼居民的生命和财产安全。面对不太明朗的火情，他没有片刻犹豫，义无反顾地拿起家中两个备用灭火器和一个防毒面具，冒着生命危险冲向起火的屋子。现场只见两位 60 多岁的老人和一个四五岁的小女孩不停地呼救，起火的厨房里火光通天，天花板已烧出一个大洞，情况十分危急。梁建尤立即用灭火器喷射火源，在用光了两瓶灭火器后，终于把大火扑灭。随后他连忙关闭了煤气瓶阀门，并安抚好老人和小孩。待公安民警、消防官兵陆续赶到后，梁建尤悄然离开了现场。事后，事主刘伯通过居委会和四会监狱找到梁建尤，送上了锦旗，表达了诚挚的谢意。面对感谢，他显得很腼腆，连声说：“这是我应该做的。”

“心眼好、热心公益、乐于助人”是邻居对梁建尤的一致评价，在救火义举之前，梁建尤就曾经帮助街坊擒获一名入室盗窃的小偷。无论在工作上还是生活中，梁建尤都获得了身边人的一致赞扬。

面对群众生命财产受到威胁，他不顾个人安危，挺身而出，不惧艰险，勇闯火海，彰显了一名监狱人民警察忠诚为民的良好形象。

邱振源

退休老人发挥余热　守护社区平安

邱振源，1954年生，中共党员，端州区和平社区居民。

邱振源是社区的一名退休党员，他积极发挥余热，热心为居民服务。他配合小区管理员关注小区治安动态，发现可疑情况及时告知小区管理员、社区民警或居委会人员，协助居委会搞好治安管理工作，为居民们守护着社区的平安。

邱振源勇于与违法犯罪行为做斗争，坚决维护社会治安，对不法分子大胆抓管。一天，他所在的小区有不法分子进入并进行盗窃，邱振源得到消息后，立即组织社区保安、青年居民等对盗窃者进行抓捕，将盗窃者扭送到公安部门处理；他还协助有关部门将30多名传销人员送交有关部门进行处理，为维护社区的平安、和谐做出了贡献。

邱振源做到邻里和睦，邻居有需要帮助的总是伸出援手。对于社区的环境管理，他不因事小而不为。对小区里的乱张贴行为大胆管理，发现一个，教育一个，并不因张贴人的威吓而退缩，使小区保持干净整洁的面貌，得到社区及居民群众的好评。

梁天汉

勇救落水老人

梁天汉，男，封开县莲都镇中共党委委员。

2013年10月17日上午10时，莲都镇中共党委委员梁天汉与村支书孔令兴、村委主任陈锐生等人，在村委会正与中山市驻村扶贫工作组办事员研究扶贫工作时，突然听到有村民慌忙地跑过来大喊：“有人掉到桥底了——”梁天汉随即大吼一声：“赶紧救人！”在场的几人立即冲出村委会，跑到桥边，只见一辆摩托车倒在深底桥的路边，桥下有位老人趴在河水中，一动不动。老人的头落在河中的沙堆上，面部朝下，河水淹没了他的鼻子。冲在最前面的梁天汉见状，来不及多想，便纵身跃入水中。此时，老人身体已僵直不能动弹，口中发出微弱的求救声。梁天汉见状，立刻过去将他的身体翻过来，使他仰面朝天，以免溺水。老人的头部鲜血直流，嘴唇依旧微微张合，已神志不清，陷于半昏迷状态。

随后的村支书孔令兴和村委主任陈锐生也下到水中，帮助梁天汉将老人抬起。这时，一名修桥的工人以及市扶贫工作组的办事员也来到岸边接应，几个人小心翼翼地将老人移到岸边，合力将老人抬到地面。梁天汉顾不上身上的斑斑血迹与满身沙泥，马上拨打镇卫生院120急救电话。他还仔细地检查了老人身上的伤势，在医护人员的指导下，尽量让老人保持清醒。不久，急救人员来到现场，对落水的老人进行了紧急抢救。看着受伤的老人被救护车接走送往医院后，他们才长长地松了一口气。

事后得知，落水者是一位60多岁的老人，来自怀集县冷坑。当天他载着竹帽到镇上去卖，车走到深底桥时，他下车推着走，因下坡坡度大，摩托车的刹车系统不灵敏，被惯性带下桥底，当场昏迷。送往医院后，经医生全力抢救，老人脱离了生命危险。

梁天汉与镇村干部奋力抢救落水者的好事传遍了整个小镇，当受到别人的赞扬时，这几位镇村干部都不约而同地说，“我们只是做了一件很平常的事，不值得宣扬”。但回忆起老人坠桥遇险一事，村委主任陈锐生庆幸地说：“如果没有梁委员当机立断组织救助，老人就有生命危险了。”而梁天汉在接受电视台记者采访时却连称：“我只是做了一件很简单的事，不值得关注。我是一名镇干部，应该这样做，就算我仅仅是一名普通群众，遇见这样的险情，我也会义不容辞去救人的。”

提及梁委员，当地群众都竖起大拇指。梁天汉负责镇综治办工作，这个部门一直以来都是领导干部最头疼的。作为基层单位，每天有听不完的牢骚，处理不完的矛盾纠纷，可梁天汉却从来没有退缩过，坚持不懈地为人民群众办实事、办好事，凡是涉及群众切身利益和实际困难的事情，再小也会竭尽全力、无条件地去办好落实。他坚持进百家门、问百家事、访百家情、暖百家心，对群众的所想、所盼、所需进行分析研究，提出解决问题的办法和措施。

镇村干部梁天汉等人见义勇为、毅然下水救人的事迹，受到新闻媒体的广泛报道，在社会上引起了强烈反响。群众称他们为新时代的雷锋，纷纷为他们见义勇为、乐于助人的行为点赞。

黎中初

六旬老人不顾安危　挺身救人

黎中初，男，中共党员，怀集县凤岗镇马头村村民。

黎中初是一位年过六旬的老人，是农村的一名普通党员，在他人遇险时，他不顾个人安危，挺身而出，跳进河中救人。

2013 年 8 月 12 日下午 4 时，凤岗镇马头村老人邵雪莲与同伴照常来到河边放牛，不慎滑入水中。连日的阴雨天气使得原本平静的河水变得湍急起来，不懂水性的邵雪莲只能凭借本能不停地扑打自救，同伴则急忙大声呼救。然而水势凶猛，不一会儿便将邵雪莲冲出近 200 米远，情势十分危急。

就在老人筋疲力尽快要沉没之时，正在河边干农活的怀集中学高二学生黎志良听到呼救声，发现正在水中沉浮的老人。他迅速跳进水中，迎面托住老人的身体，防老人被水冲走。

然而老人此时已失去知觉，身体的重量加上水势汹涌，黎志良逐渐感觉体力不支。这时闻讯而来的马头村老党员黎中初赶到河边，二话不说跃入河中，与黎志良一起将老人拉到岸边。

老人终于脱离危险，随后众人将惊魂未定的老人送回家。恢复过来的邵雪莲老人回想起当初的情形仍然觉得害怕，她激动地说：“在水里的那几分钟感觉是我经历过的最长时间。后来我太累了，基本放弃挣扎的念头，直到突然有人托住我的身体，我才感觉有了希望，感谢他们。”

如果不是黎中初及时相助，落水的邵雪莲老人和救人的学生黎志良，都难以脱离危险。在河水将两人冲到乱石急流中、情况万分危急之际，黎中初不顾自己年事已高和自身安危，扑向急流，竭尽全力把两人救上岸，他的义举彰显了一名老党员的道德风貌，在群众中树立起共产党员的良好形象。

胡志杰

便衣警察　危难之处显身手

胡志杰，男，肇庆市公安局端州分局便衣警察大队民警。

胡志杰是一名普通的便衣民警，这个“端城暗哨”，不分昼夜地守护着一方平安。只要群众有危难，他都会挺身而出。

在一次下班途中，胡志杰开着摩托车穿梭在人群中，就在距离家住小区还有200米的地方，他被前面的人群挡住了去路。他细心观察周围，发现路的两边都站满了人，许多人拿着手机拍照，发微信，呼喊……一团团黑烟窜起，原来是一辆停在路边的奥迪车自燃了，但是周围的人并不知道事情的严重性。起火的位置是车的发动机位置，随着时间的推移，要是燃烧至油箱位置，就会引起大爆炸。看着危险即将发生，胡志杰快步上前，劝说看热闹的群众赶紧散去，提醒那些需要穿行事发地点的人群车辆注意安全，并果断砸开了附近小区的消防箱，在现场群众的协助下，把水管接好，将火浇灭。

有一年大年初三的中午，胡志杰还在家里贴挥春，突然听到有邻居在喊：“对面楼好大烟啊，是不是着火啦？”他马上放下手中的挥春，顺着所指的位置看到了起火的房子。那是他家对面楼房三楼的房子，从楼下能看到火苗蹿上天花板了。胡志杰第一时间想到的是，屋里有没有人、有没有煤气等。他有条不紊地指挥着大家救火，让物业通知事主马上关掉电路，让人打电话报火警，把起火单元楼内的人员有序撤离，然后才组织邻居一起灭火。他和物业主任跑到物资房，把 30 来米长的水管背了出来，从起火单位的楼上接上水管计划从上面灭火。但由于烟是往上走的，他们在四楼根本待不了一分钟，于是胡志杰组织大家打开了楼道的消防栓，用水桶接水，一桶一桶地从窗户往里面浇。在胡志杰的带领下，小区七八个青壮年，接水的接水，疏散住户的疏散住户，引导消防车的引导消防车，一切都井然有序，忙而不乱，有效地控制了火势的蔓延。等消防员来到后，很快便把火扑灭了。这时，胡志杰才离开现场回到家，洗了个澡继续贴挥春。

居民们都说，民警胡志杰危难之时显身手，真是见义勇为之人。

廖伟邦

勇救落水儿童　传递崇德向善的力量

廖伟邦，男，1959 年 11 月生，肇庆市鼎湖区大布村村民。

2013 年 4 月 3 日早上 6 时左右，一辆载有七个小孩的幼儿园校车，在经过永莲公路与村路交界的路口时，因避让行人不慎翻倒进路边的鱼塘里。路过的大布村村民廖伟邦正好见此情景，不顾个人安危第一个跳入鱼塘中，沉着果断地在其他村民的协助下，将被困在面包车里的小孩一个一个救出来，并安置在公路边的安全地带，随后和其他人一起将孩子们送往医院救治。由于及时，七个落水小孩全部安全无恙。随后廖伟邦默默离开。

事情过去了几天，廖伟邦没有和任何人提及过救人的事，直至后来镇政府有关部门协同大布村委会调查此事时，他见义勇为的义举才被大家知道。当受到大家的称赞时，廖伟邦说："其实这也没什么好说的，当时我一心只想救人，遇到这种事换了谁都会出手相救的，这是很平常的事。"

廖伟邦一向热心助人，多年来，他积极参加各类公益活动，通过捐款、捐物等方式奉献爱心、帮助他人，用他无私的爱向社会传递崇德向善的力量。

欧燕梅

女安保　勇擒偷车贼

欧燕梅，女，1980年1月生，广宁县恒富物业经营管理有限公司安管员。

2013年7月17日下午4时20分，广宁县恒富物业经营管理有限公司步行街经营管理中心接到通知，有一个可疑人员企图偷窃摩托车，当值女安管员欧燕梅收到通知后立即赶往事发地点，确认可疑人员后，谨慎对可疑人员进行跟踪。看到可疑人员在第一辆摩托车盗窃未遂的情况下，企图换一辆车再次实施盗窃，但未能得手，于是走回外街，对第三辆摩托车实施盗窃。可疑人员用作案工具将车锁撬开，正当他准备将盗窃得手的摩托车开走时，欧燕梅立即冲上去抓住摩托车后托架不让其开走。可疑人员强行开走摩托车，车速很快，将欧燕梅拖出数米。欧燕梅紧紧抓住摩托车后架，使可疑人员行动困难，最后可疑人员连同摩托车和欧燕梅一起摔倒在地上。可疑人员见摩托车盗窃无望，为避免被抓住，拼命逃跑。摔倒在地的欧燕梅立即爬起，不顾自身安危，奋力追赶。随后在两名便衣警察的帮助下，将可疑人员抓获。

事后，被盗摩托车主向欧燕梅送上“维护正义、尽职尽责”的锦旗，赞扬她挺身而出、不畏强暴的见义勇为义举。欧燕梅却谦虚地说：“保护客户的生命财产安全，创建一个安全、文明、和谐的街区是我们的职责。”

欧燕梅尽忠职守、维护正义的道德风尚，获得了业主、客户和公安部门的高度赞扬。

龙伟玲

白衣天使　无私救助患者

龙伟玲，女，肇庆市中医院梁剑波学术研究中心副主任护师。

龙伟玲是肇庆市中医院梁剑波学术研究中心副主任护师，她深爱着自己的职业，用真诚和爱心诠释着白衣天使的使命。

2014 年 6 月的一个炎热傍晚，龙传玲正和同学一起在球馆打乒乓球，突然听到另一边打球的人呼喊有人晕倒在地了，周围的人因没有急救知识不敢施救。她迅速跑过去，顾不上自己双膝的旧患，跪在患者的右侧，帮其松开衣领擦汗，采用按压人中和胸外心脏等抢救措施进行急救。分秒不停地抢救了十几分钟后，120 医护人员赶到现场，她又帮患者吸氧，测量血压，协助医护人员将患者转运至抢救车，球场上的人都对龙伟玲在危急时刻表现出来的崇高医德、精湛技术赞叹不已。

龙伟玲积累了丰富的观察和抢救急危重病人的临床经验，多次以敏捷、娴熟的抢救技术参与危重病人的抢救及护理工作。2011 年夏季的一天，龙伟玲一家三口在小区花园内健身，突然听到不远处传来“噼噼啪啪”的巨响，她们立即向放出声响的地方跑去，见一名十二三岁的小朋友骑自行车从二楼车房的斜坡滚了下来，小孩吓得脸色苍白。龙伟玲立即对小孩作检查，发现他一侧上肢皮肤擦损，另一侧下肢不能活动，龙伟玲一边给予安慰，一边为小孩固定患肢，避免受到二次伤害，告诉闻讯赶来的小孩家长立即拨打 120，同时陪伴在小患者身边，直到救护车过来将其接走。

龙伟玲常说：“生活中不是每个人都懂得突发事件的应急护理工作，自己是专业医护人员，理应该出手时就出手。”她乐于助人，如阳光一般温暖和帮助有需要的人，她把快乐和正能量传递给身边的每一个人，自己也在奉献中得到了快乐。

冯艳玉

拾金不昧　坚守诚信

冯艳玉，女，肇庆石油分公司怀城服务区站长。

“喂，您好，这里是中石化肇庆广贺高速公路怀城服务区加油站，请问您是刘国珍先生的朋友吗？我们拾到他的一个公文包，您能联系到他吗？”站长冯艳玉对照客户遗留的名片本，焦急地拨打了十几个电话。

3月25日12时40分，在广贺高速公路怀城服务区的餐厅内，员工蔡伟锋看见一个黑色公文包被放置在一张餐椅上，几番呼唤都找不到失主，便立刻向站长冯艳玉报告。

两人把公文包带到财务室，只见鼓鼓的公文包里面，装有一沓现金和多张银行卡。通过包内失主的护照和名片，冯艳玉尝试拨打了失主的电话，一部手机接通了却在公文包内，另一部则是关机状态。无奈之下，冯站长立即致电110报警，请求警方联系失主。同时在员工的见证下把公文包锁进了保险箱。

“这么多钱，还有护照，失主该有多着急啊！”冯艳玉急客户所急，一方面认真筛选失主的朋友名片，逐个致电，希望通过失主的朋友联系到失主，另一方面安排蔡伟锋抽取餐厅监控视频寻找失主录像。

下午3时10分，失主刘先生终于回复了冯艳玉的电话：“我的公文包在你们那里吗？我手机没电了，找充电器时才发现丢失了公文包。刚开机就收到朋友的电话和信息，我现在立即赶过来。”冯艳玉赶紧致电110，联系民警到场确认。

经过严格核对身份信息、现金金额和监控录像，在民警的监督和见证下，冯站长将公文包完整地归还给失主刘先生。刘先生激动地说：“包内不仅装有我的护照，还有18万元现金、多张开展业务的银行卡，如果不是你们我真不知怎么办，你们就是值得信赖！”随即从公文包里面拿出十几张百元钞要答谢现场的员工，却被婉拒了。冯站长说：“我们历来倡导员工诚实守信，拾金不昧是我们义不容辞的。能看到失物归还原主，我们都觉得很高兴、很自豪。”

冯艳玉与怀城服务区的员工们坚守诚信，用他们的善行让顾客感受到一片温情，传递了社会正能量。

李志民

恪守承诺十二载　凝聚诚信的力量

李志民，男，肇庆学院运输服务中心主任。

李志民 1984 年到肇庆学院后勤管理处交通运输服务中心工作，他一直以“诚实待人是我的做人原则，我愿意一辈子都诚实守信”来要求自己。在 30 多年的时间里，他恪尽职守，任劳任怨，诚实守信，认真履行工作职责，真诚待人，一诺千金，深得学校后勤部门的干部职工以及广大师生的爱戴。

2002 年，运输服务中心的维修工容师傅在下班回家途中发生了车祸，不幸去世，留下了下岗的妻子和年幼的孩子，这让本来就不富裕的家庭变得更加艰难。李志民得知此情况后，向领导汇报并与中心的员工研究讨论，决定每年从中心的经营收入中划出一部分，资助容师傅家属以解决家庭的实际困难。此后每年，李志民都坚持在春节前夕，代表中心把慰问金送至容师傅家属手上。其间，中心也遇到业绩不稳定的情况，但李志民从没有因为这样而放弃资助的承诺，仍年复一年地将按时资助款项送达。他的行为感动了中心的员工，大家互爱互助，每年春节前都纷纷凑钱，给容师傅的家人送去温暖。这份帮助，在李志民的带头下，坚持了 12 年，从未中断。

十二载对承诺的坚守，李志民身上闪耀着的是平凡而伟大的光辉，他用诚信托起社会崇德向善的力量。

林观金

维和卫士　为和平舍小家

林观金，男，肇庆边检站执勤业务三科科长。

经历了两次生死考验的林观金肩上扛着“联合国和平勋章”“中国维和警察勋章”等一个个闪亮的荣誉。2007 年和 2009 年，他先后两次随中国维和部队赴海地执行维和任务。

林观金还记得 2007 年第一次执行维和使命初到海地的情景，刚一下车，“在我们面前十多平方米的围墙上，就有上百个弹孔，这都是当地非法武装力量与维和部队战斗的结果，”林观金说，在这一瞬间他和战友们都震惊了，“但是我们没有任何的犹豫，而是更坚定要完成维和任务，体现中国警察勇于作战、不怕牺牲的精神。”

在他们出色完成了八个月的维和任务准备离开前，时任联合国秘书长潘基文称赞他们是“维护世界和平的使者，中国的骄傲”。

两年后，林观金和战友再次踏上海地的土地，继续他们的维和使命。当发生震惊世界的海地地震时，林观金是灾难的亲历者，而自己的一名战友也在这次任务中为和平捐躯了。

在执行联合国海地任务区维和任务期间，林观金和战友们不畏艰险，先后承担了高危地区定点驻守、联合武装巡逻、设卡查车、要人警卫等多类任务，执行了400多次常规勤务，其乘车巡逻里程超过40 000公里，足以绕地球一圈，参与了“惊雷”行动、“闪电之夜”抓捕等数十起高危和紧急重大勤务。2010年1月海地发生地震后，林观金和战友们一同克服余震不断、疫情频发、局势混乱等困难，第一时间投入救灾工作。他和战友们从废墟中营救出9名联合国人员，连续奋战92小时直至完成联海团总部废墟清理工作。

随后，林观金又全力投入震后巡逻驻守等常规勤务以及救灾物资分发点警戒等专项勤务，并与友邻维和力量携手抓获55名地震越狱犯，为维护海地社会稳定和灾后重建做出了突出贡献。

维和期间，林观金的爷爷不幸摔伤导致大腿骨折，需留院治疗。三个月后爷爷腿伤未见好转，反而感染肺部，病情突然加重，医院下达了病危通知书。不久，爷爷离世。林观金因为在国外执行任务，不能尽孝，未能见到爷爷最后一面。2013年9月，林观金的奶奶重病缠身，他因负责单位比武集训工作无暇抽身返乡，亦未能见到奶奶最后一面。没有为爷爷、奶奶尽孝，成为林观金心头永远无法弥补的遗憾。

只要想到亲情，林观金这个七尺男儿就忍不住眼中的泪水，但是他说：“自古忠孝难两全，为了国家安宁、世界和平，我只能舍小家了。”

安一宁

敢碰硬勇克难的公诉能手

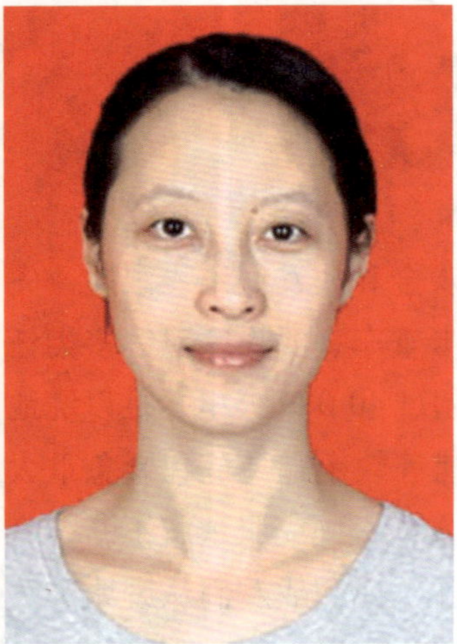

安一宁，女，1983 年生，肇庆市人民检察院公诉二科副科长。

安一宁 2005 年进入检察系统工作，一直坚守在她热爱的三尺公诉席上，承担了一系列重大疑难案件的公诉工作，是一位敢碰硬、勇克难的公诉能手。2013 年安一宁被广东省检察院记个人二等功一次，并被评为“肇庆身边好人”，2014 年还被授予了“全国模范检察官”荣誉称号。

安一宁认真对待每一个案件。2008 年，当时她还在封开县检察院工作，处理一宗故意杀人案，公安机关移送审查起诉的是两名犯罪嫌疑人共同故意杀人，本来该案只需依法报送给肇庆市院即可，但安一宁毫不马虎地审查，发现其中一名嫌疑人涉嫌犯罪的证据并不充分。她的审查意见引起了领导的高度重视，在案件报送肇庆市院后，进一步得到了市院的认同。最终，对这名嫌疑人做出了不起诉的处理。正是安一宁严谨对待案件、公正对待嫌疑人的工作态度，切实维护了犯罪嫌疑人的合法权益。

2011 年，肇庆市院受理了 4 件省院指定管辖的茂名系列案，其中茂名市原副市长陈亚春及其妻子朱秀珍受贿案由安一宁承办。该案具有不同于以往职务犯罪案件的特殊性，在办理过程中遇到了前所未有的困难。两名被告人作案时间长达十余年，在侦查阶段承认了对起诉书认定的所有犯罪事实，但到审查起诉阶段却出现大面积翻供。安一宁作为承办人，面对翻供，沉着应对。通过多方调查发现了被告人翻供的真正原因，并站在被告人的角度帮他们分析错误、摆正心态。在安一宁的耐心坚持下，两名被告人最终真心认罪、悔罪，在法庭上对全部犯罪事实供认不讳。同时，安一宁还多措并举，积极追赃。被告人在纪委调查阶段被查扣的大量款物被认定为违纪款物予以收缴，在侦查阶段表示已无赃可退，仅剩下被侦查机关扣押的 100 多个存折。安一宁本着对国家利益的维护和审查案件的全面性要求，在被告人退赃问题上改变常规，主动出击，制订了全面的具有可操作性的退赃方案，最终将 330 多万元赃款全部追回。既挽回了国家损失，也帮助真心悔罪的被告人获得从轻处理，达到了法律效果和社会效果的有机统一。

2011 年省院直接交办肇庆市院审查的办理案件共 8 件，安一宁承办的就有 5 件，江门市中级人民法院原副院长梁永祥受贿案即其中之一。该案卷宗繁多、案情复杂且部分涉及国家机密。在承办该案时，安一宁尚处于哺乳期，但基于案件保密性的考虑，安一宁凡事亲力亲为，多次奔波于广州、江门等地，上班时间完成不了的工作任务，在照顾孩子入睡之后，深夜回单位加班。在法庭上，安一宁与辩护律师展开唇枪舌战，同时借用法庭对被告人进行法制教育，使被告人在最后陈述阶段认罪伏法，法院的认定与起诉书的指控完全一致，被告人梁永祥事后也未提出上诉。

安一宁对法律负责、对历史负责的态度使领导放心将重大、疑难案件交给她。2012 年，公安机关查办了一宗影响较大的黑社会性质犯罪案件，这个担子同时也压在了她的身上。她顶住各方压力，一切只看证据，有条不紊地提前介入，补充侦查 33 册案卷以及 222 页的审查报告。历时 3 天的庭审结束后，在同事的积极协助下，案件成功起诉，法院顺利判决，这个时候，才看见她会心地笑了。

涉黑案办完的三天后，安一宁又马不停蹄地参加第六届全省“十佳”公诉人比赛。紧张的气氛，疑难的赛题，强劲的对手，都被她一一征服。最终安一宁获得了肇庆市检察院建院以来首个“广东省十佳公诉人”称号，同时还获得了“优秀审查报告”“优秀辩手”两个单项奖，实现肇庆检察院在此项活动历史上一直为零的突破。

唐沛成

扎根山沟的扶贫干部　村民眼里的大恩人

唐沛成，男，中共党员，肇庆供电局扶贫开发“双到”工作驻广宁县江屯镇河口村工作组组长。

这天虽然是周五，但肇庆供电局扶贫挂点驻村干部唐沛成又不打算回家跟妻儿过周末了。他像往常一样留在广宁县江屯镇河口村，与村民一起干农活、拉家常。

“‘唐科长’嘛，村里大人小孩都认识，他人好，又乐意帮人，不是中秋、过年这些大节日都不回家的，干起工作来也是不分周六日。”一提起唐沛成，河口村村支书谭火炎直夸唐沛成是改变他们全村人命运的大恩人。

穿过河口村村委会办公室，便是唐沛成仅 7 平方米的驻村干部宿舍，宿舍与办公室仅一墙之隔，扶贫八年来床铺都没有更换过，桌上堆的是厚厚一叠扶贫村的进度材料，床脚下摆放着两双沾满泥沙的军布鞋和几个村民送来的南瓜，没有电视，没有电脑，没有空调，连热水器也没有，生活的清苦显而易见。工作之余，唐沛成唯一的消遣就是提上一瓶广宁木格酒到村里跟村民唠嗑，看看他们的竹鼠养得怎样了，农作物收成如何了，还有哪些困难没解决。

广宁县江屯镇镇委书记谭万亮说，河口村有 22 个自然村，共 109 户贫困户，当时村集体经济只有 7 000 元。两年来，村道硬底化、危房改造、农田灌溉水利工程、致富种养项目、低压线路改造等一大堆艰巨任务，硬是被唐沛成一个一个跑了下来。“搞村道硬底化的时候，他每天天刚亮就开着一部很旧的摩托车颠颠簸簸地来帮忙，晚上七八点收了工才走，半年时间都没有回过家。”

刚走进河口村村委会梅洞村，一阵清香便扑鼻而来。循着香气寻去，成片郁郁葱葱、含苞待放的姜花点缀着金黄的稻田，甚是美丽。姜花地边，村民李梅英忙得不亦乐乎。

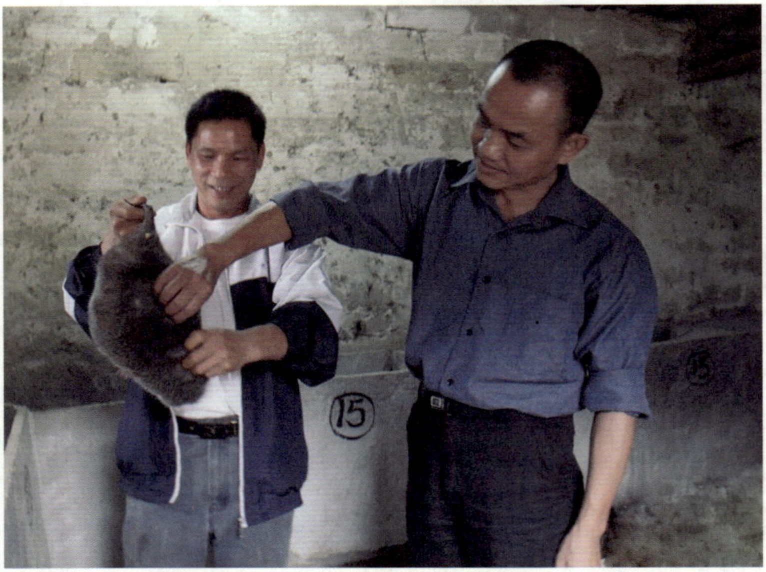

李梅英笑着说，如今正是姜花收获的季节，在广州芳村花卉批发市场，她种的姜花特别抢手，一枝能卖 5 毛到 1 块钱。“我们家有 7 亩姜花田，一年下来大约有三万五的收益。”

“要不是唐科长帮忙，我们的生活也不可能改善这么快，他是我们的大恩人。”李梅英说，2010 年前，他们一家五口居住在 45 平方米的泥砖屋里，除了种植稻谷、蔬菜，并无其他经济来源，还要供两个儿子读书，生活十分困难。“是唐科长建议我们大胆种姜花，还帮我们申请到了帮扶资金，又请了一些养殖专家到村里给我们讲课”，如今的李梅英一家住进了 100 平方米的小洋房，电冰箱、电视机等电器一应俱全，生活面貌焕然一新。

村民吴金水两年前还是村里条件最困难的帮扶对象之一，而今也摇身一变，成了竹鼠养殖大户。“刚开始养竹鼠时，竹鼠常常互相打架或者咬自己的孩子，很难养活，差点要放弃了，但唐科长看到了市场前景，教我养殖技术，劝我坚持下去。”吴金水告诉记者，目前竹鼠80元/斤，市场上供不应求，“幸好当初听了唐科长的话，今年光是这一个项目就能收入五六万元了”。

转眼间，唐沛成在河口村的两年挂点扶贫工作进入收尾阶段，即将重返端州的工作岗位。村民们知道此事后，尽管依依不舍，但更多的是理解和支持。河口村妇女主任赖志英说：“他妻儿经常打电话到办公室，催他周六日抽空回家，可是唐科长总是说‘我有事忙啊，还不能回去，下周吧’。”

赖志英说，唐沛成总是“一周又一周”地拖欠着妻儿，但帮村民解决困难刻不容缓。

2005年10月，根据省委省政府“十百千万干部驻农村”的会议精神要求，肇庆供电局根据有关安排，决定从单位选派干部，到经济欠发达的广宁县江屯镇开展帮扶工作。唐沛成与其他三位同事作为选派干部来到了江屯镇。先后在该镇的水月、营岗、江合三个自然村开展扶贫帮扶工作，为当地解决了用电用水难、村集体经济收入低等问题。在他们出色地完成第一轮驻村任职任务后，2009年9月，唐沛成再次被委派到联和镇河口村开展扶贫开发、规划到户、责任到人工作。但这一次，只有唐沛成一个人，静悄悄地进驻了河口村。

唐沛成说，2005—2007年扶贫驻村干部每年都有四人，除了他自己，每年安排的人员都不同。而2008年至今只有唐沛成一人驻村，没有安排其他同事。八年扶贫驻村，干部来了一个又一个，走了一个又一个，总共达十人之多，但2008年之后都回到了原单位。

肇庆供电局政治工作部的余水诚专责说，这么多年的扶贫驻村，唐沛成完全可以申请“回炉”，但当组织再次考虑安排唐沛成扶贫驻村时，唐沛成从不推脱。

唐沛成说：“老婆经常说我‘不务正业’。”几次临回来关头忽然变卦，妻儿的失落可想而知，“说实在的，我也想他们，在基层农村常常会有寂寞的时候，可是我放不下山沟沟里亟须脱贫的村民们，他们需要我，扶贫开发工作需要我”。

也许，这些只是唐沛成“八年抗战”的冰山一角，但这所折射的精神，不仅是他个人的勤劳勇敢，也是对农民的无限热爱，更重要的是，他把“主动承担社会责任”的使命精神，无声无息而又实实在在地播种在广大群众的心坎上。

（来源：中新网，编者有删改）

马燕芳

“娘家”的贴心人　孩子的好“妈妈”

马燕芳，女，肇庆市广宁县妇联主席。

广宁县是一个贫困山区县，有许多贫困家庭的孩子面临着上学难、看病难的困境。为了帮助他们，广宁县妇联主席马燕芳操尽了心。她通过协调各方资源，充分利用各种条件筹措资金扶贫济困，2005 年至今，共筹得资金 870 多万元，为 3 760 多户贫困家庭提供经济援助，有效地缓解了贫困家庭人员的经济和精神压力。其中帮助贫困学生 5 000 多人次继续学业；帮助贫困家庭建设安居房 113 套；帮助 279 户贫困家庭发展生产，脱贫致富；帮助贫困家庭患病人员疾病救治 303 人；帮助儿童身体健康检查 1 200 多人；帮助 20 所困难学校改善教学环境。通过帮扶活动，切实让困难家庭实现脱贫致富，为山区贫困家庭的孩子播种了绿色的希望。

为了实现贫困家庭孩子的读书梦，马燕芳倾注了大量的心血。她放弃了一个又一个的休息日，走村入户，详细了解贫困学生的情况，整理、编辑成

《民情日记》和《那些孩子的故事》，亲手交到爱心人士手上，请他们慷慨解囊；对捐资的爱心人士，她坚持每年写信向他们详细汇报资金使用情况和受助人的现状。因为这份坚持，马燕芳赢得了一个又一个资助人的信任，为贫困孩子争取到一笔又一笔助学款；更因为有这份坚持与追求，贫困孩子得以继续学业。

有一个正在读高二的成绩优秀的女孩，由于家里房屋被台风毁坏，打算辍学外出务工攒钱重建房子，马燕芳知道此事后，为了劝导她继续学业，决定到女孩家中家访。当天因为暴雨，去女孩家的村道无法通行汽车，马燕芳只能骑摩托车前去。一路坑坑洼洼，途中两次摩托车打滑摔倒在泥泞的路上，马燕芳的衣服浸成了黄色，但她湿着衣衫继续前行，马燕芳一进门顾不上擦去脸上的雨水，就和女孩的家人谈孩子的优秀和大好前程，女孩的家人看到已淋成“落汤鸡”的马燕芳，被深深打动。一年后，女孩以优异的成绩考上了大学。正是马燕芳的执着坚持，让面临失学的孩子得以重返校园，让他们重新拥有学习的机会。对每一个孩子马燕芳都会这样用心爱着，像妈妈对待自己的孩子一样，让他们在爱中健康成长，让他们也可以追求自己的理想。很多受过资助的孩子都会亲切地叫马燕芳为“马妈妈”。

让群众得实惠、普受惠、长受惠，特别是怎样可以帮助困难妇女摆脱困境、发展生产和创业就业，是马燕芳想得最多的事情。她在做好扶贫助学工作的同时，还着力注重帮助那些因失夫致贫、因病致贫、因病失业的妇女发

展生产和创业就业，使她们增强生活的勇气。2008 年 6 月，石咀镇一位刚失去丈夫的特困母亲，在感到生活绝望的时候，马燕芳及时送去“娘家人”的问候，并通过各种渠道筹集资金帮助她发展生产，还帮她建了一间“爱心安居房”，同时资助她的儿子上学。2011 年 8 月，这位母亲在接受记者采访时，看到鸡鸭成群、果园飘香的情景，无限感慨地说：“若不是马主席及时帮助、安慰和鼓励我，我真的不敢想象现在过的是什么日子!”

2009 年 5 月的一个星期天，马燕芳得知有一位特困母亲，几年前夫妻俩同时患上癌症，丈夫病故时，家中已经债台高筑，丈夫的丧葬费还是她儿子挨家挨户乞讨回来才解决的。这位母亲患鼻咽癌晚期，由于家里没钱，她平时痛得不能坐、不能睡都不敢去看医生。在知道情况的那个晚上，马燕芳送去了 3 000 元，并承诺以后帮她报销看病的钱，这位母亲说：“这七八年来，由于生病和缺钱，没有睡过一次安稳觉，得到县妇联帮助的那个晚上，才安安稳稳地睡了一个好觉。”马燕芳后来还帮助她解决了儿子读书和做鼻甲弯曲手术的费用，并从 2009 年 6 月开始坚持出钱购买竹子给她，让她在家里削香骨去销售，从根本上解决她的生活问题，重树了生活的信心。

马燕芳为贫困学子圆了求学梦，为贫困家庭带来了阳光。她被誉为妇女“娘家”的贴心人，孩子的好“妈妈”。

梁星全

维稳解难促和谐

梁星全，男，1959 年 6 月生，肇庆市德庆县永丰镇综治维稳办公室专职调解员。

他没有强壮的身躯，却挑起了维护社会稳定的重担；他没有豪迈的言语，却能化干戈为玉帛。他就是德庆县永丰镇综治维稳办公室专职调解员梁星全。八年来，他用真情和智慧化解的各类矛盾纠纷有 80 多起，调解成功率达 98% 以上，其中重大疑难复杂纠纷十余起、制止群体性械斗 8 起、防止民转刑案件 15 起。他主持调解的各类矛盾纠纷，调解成功率达 98% 以上，为促进社会的和谐稳定做出了积极的贡献。

多年来，他忠实履职，以事实为根据，以法律为准绳，尊重诉权，依法调解，依法教人，以理服人，熟练化解各种纠纷。在调解工作中，他始终把工作重点放在“防”字上。带领各村调委会成员认真摸索研究各类纠纷的特点和发生规律，采取得力措施防范，抓早抓小抓源头，确保矛盾化解在萌芽状态，充分发挥人民调解工作“第一道防线”的作用。发现矛盾纠纷后，立即组织力量进行有效化解，做到早发现、早解决，坚持调防结合、标本兼治。他在调解开始前下足功夫，深入了解矛盾的产生原因，调解过程中同当事人积极沟通，力求结果使双方满意；调解结束后一个月内及时回访结果与执行情况，做到调解工作有始有终。他积极调解婚姻、家庭、邻里、赔偿等常见性、多发性矛盾纠纷，促进了家庭、邻里和睦，为当地播撒了和谐稳定的种子。

基层综治维稳工作包罗万象，涉及千家万户的人身安全和切身利益。梁星全在调解矛盾纠纷时不摆花架子，不说大话，注重实效；在依法依规的原则上，分析纠纷性质，找关节点，善于做当事人的思想工作。他在调解活动中讲求策略和方法，妥善化解矛盾。文明接待纠纷申请人，让来访的群众切身感受到调委会是他们讲事实、寻求法律帮助的地方。由于受文化程度和法律知识的限制，不少来访群众会反复述说，生怕没有讲清楚，没问明白。对此，他总是耐心聆听他们的叙述，不厌其烦地解答他们的问题，将难懂的法律条文尽可能地用通俗易懂的方式表达。对于情绪激动者，他会给他们倒上一杯水，待他们坐下来慢慢讲，最终心平气和地接受调解。

在2012年开展的西气东输征地工作中，由于涉及农民的切身利益，征地工作遇到了不少的阻力。梁星全带领综治维稳办的工作人员进村入户，走访调解，一家一户地做思想工作，跟他们讲道理，申明国家政策，积极争取群众对国家工程项目的理解和信任。凭借着他一如既往的坚持以及与本地群众的感情，最终得到了群众的理解和支持，圆满解决事情，使征地工作顺利完成。

法律是公正的，但如果掺进了感情的因素，法律的天平必然会失衡。面临着权与法、情与法、钱与法的考验，梁星全始终严格要求自己，自觉抵制不正之风，遇到人情因素干扰调解时，始终坚定地做到人情和公正之间选择后者。他对自己自警自律，面对怀有目的或者善意的请客、送礼，一概拒之。严格自律、笃守公正的品德，赢得了领导、同事和群众的一致好评。

梁星全在综治维稳工作中，始终践行“九个一”，即一声问候，一杯热茶，一张笑脸，以诚相待，稳定矛盾双方群众的情绪；一支笔，一份尊重，将群众诉求一一记录；一份情，一个理，一种态度，善于换位思考。他处处坚持以人为本，用真情和智慧调解每一个矛盾纠纷，尽了一个人民调解员应尽的责任。

辛红梅

在平凡的护理岗位上 奉献真情与爱心

辛红梅，女，1958 年生，肇庆市怀集县精神病医院护理部主任。

她长期坚持在护理岗位上，为精神病患者奉献着自己的真情与爱心，使患者得到周到、热情、安全有效的护理，让患者抱着希望来，带着感动走。她就是怀集县精神病医院护理部主任辛红梅。

辛红梅 1980 年从肇庆地区卫生学校毕业，分配到基层医院工作。1986 年 7 月调到怀集县精神病医院从事护理工作。30 多年来她把自己全部的心血倾注在护理工作中，兢兢业业、乐于吃苦、无私奉献。

辛红梅刚到精神病医院工作时，看到那些精神失常、行为怪异的患者，知道自己以后很长时间都要护理他们，感到恐惧。为尽快适应工作环境，她虚心向前辈请教，参加进修学习，掌握了精神病专科理论知识，了解了精神病患者的特点，逐步理解患者的痛苦，工作很快进入了状态。她有扎实的临床护理技术，工作仔细、认真、大胆，对每一次的操作，每一个护理医嘱的执行都仔细认真，避免差错事故的发生。

精神科护士经常会遭到病人的辱骂和殴打。有一次，一位患者突然出现伤人行为，将辛红梅的手臂咬住死死不放，随后在多名医护人员的协助下，辛红梅才得以挣脱，但手臂上的肉几乎被咬掉。辛红梅没有指责患者，反而叮嘱医护人员好好照应他，伤口经过处理后她仍带伤上班，继续巡视其他患者的病情。类似的遭遇对于辛红梅来说已是家常便饭。重症病区大都是精神分裂症患者，20%左右的患者有暴力倾向，在治疗护理过程中，他们随时随地可能会突然攻击医护人员，为此，很多护士都以各种理由调离。可辛红梅从没动摇过。她说："精神病患者是特殊人群，更需要我们的关爱、尊重、理解和支持。"

精神病患者是一个特殊的弱势群体，精神疾病折磨着患者的身心，社会的歧视更让他们的心灵备受摧残。作为精神科的护士不仅要使患者得到安全有效的医疗护理与心理护理，还要忍受一些常人无法想象的委屈，在患者对医护人员有误解时要细致耐心地倾听，并且面带微笑，用温和的话语、热情主动的服务做好与患者和家属的解释和沟通工作。她从临床工作中逐步摸索出护理患者的经验，那就是关爱、尊重、理解患者，为患者提供耐心细致的护理服务。俗话说："三分治疗，七分护理。"精神病治疗工作也是一样，辛红梅坚持对患者倍加关心，尊重患者人格，从来不会打骂他们，并对生活不能自理的病人给予更细心的生活照顾，喂食、擦浴。

2001年，辛红梅被任命为护理部主任。她更加努力工作，在临床护理带教中一丝不苟，毫无保留地将自己的护理专业知识和多年积累的护理工作经验，手把手地传授给年轻护士，带教出多批优秀的护理骨干。

辛红梅虽然是护理部的管理人员，却还是经常深入一线为精神病患者理发、梳洗、喂食等。一次，一个年轻的女患者在家属的陪同下来到门诊部诊治。其家属诉说："开学不久后，就发觉她的反应不正常，常常不言语，见人就笑，不吃不喝也不梳洗，也不让亲人帮忙。"辛红梅得知情况后，放下手中的工作，快步走到门诊部。只见一个花季少女双眼无神、蓬头垢面，全身散发着刺鼻的异味，正全神贯注地对着天花板笑，全然无视周围的一切。辛红梅见状，二话不说，快步走到患者身边，用专业而娴熟的护理技术，用慈母般的爱心，喃喃细语与之沟通，并示意助理拿梳子为她梳妆，打来热气腾腾的白米饭哄她吃。患者没怎么抗拒，一切都较顺利地进行着。可是没过多久，患者却一反常态，把含在嘴里的米饭猛地喷向辛红梅，弄得她狼狈不堪。大家都劝辛红梅先去梳洗一下，由其他人跟进。辛红梅却摆摆手说：“小姑娘对我有好感，对我有点儿信赖，还是让我来吧。”她抖抖身上的饭粒，继续为小姑娘做护理。多年来，辛红梅一直照顾不能自理的患者的生活起居，在接触交流中平抚患者躁动的情绪，赢得患者的信赖。

辛红梅实施以患者为中心的护理模式，一切从患者和临床工作的实际要求出发，为患者着想，从点滴做起，将人文关怀融入对患者的护理工作之中，服务于细微之处，实现护患关系零距离、护理环节无缝隙，提高了患者及家属对护理工作的满意度。

辛红梅恰似金子在平凡的护理岗位上闪闪发光。30 多年来，她默默奉献着自己的光和热，温暖患者，感动社会。

宾三梅

白衣天使　用爱温暖病人心

宾三梅，女，中共党员，肇庆市第一人民医院护理人员。

宾三梅于1995年参加护理工作，她二十年如一日，敬业爱岗，默默奉献，全心全意为患者服务，在平凡的岗位上做出了非凡的贡献，深受领导、同事的好评和广大患者、家属的称赞。她医德高尚，乐于助人，只要患者和工作需要，她总是牺牲自己的休息时间，随传随到，从无怨言。

宾三梅精通业务，有丰富的理论知识及过硬的技术。肿瘤患者需要进行多疗程的静脉化疗，化疗药物对静脉的刺激性大，用药后容易发生静脉炎，导致静脉穿刺困难，增加了患者的痛苦，甚至有少数患者因此有放弃治疗的念头。每当发生这种情况，宾三梅总是耐心地与患者沟通，并以娴熟的技术为患者建立静脉通道，帮助、鼓励患者坚持完成治疗。病区里的患者亲切地唤她“一针准”护士，说她具有“无痛扎针”的本领。在病区中常常会听到患者们说：“见到阿宾来打针心就定了，她人又好，技术又过硬，是我们最贴心的护士！”

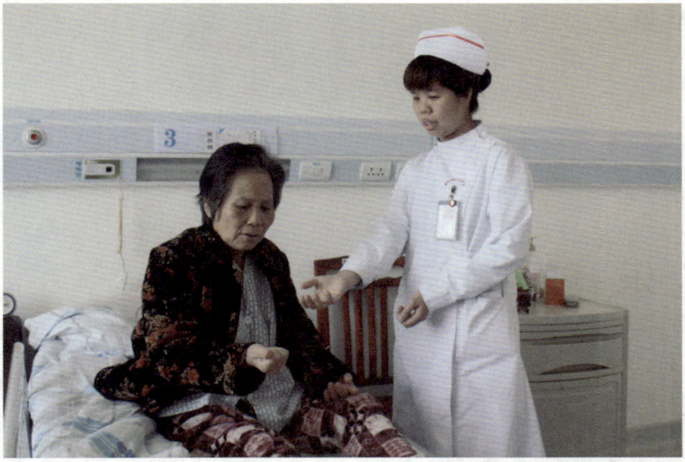

宾三梅设身处地为患者着想，为患者解决实际问题。为了进一步改善患者浅静脉穿刺困难、外周静脉输液容易出现药物外渗及静脉炎的情况，2001年，宾三梅带着问题到中山大学附属肿瘤医院进修学习，回院后，借鉴上级医院的成熟经验，率先在院内推广应用PICC置管术技术，成功解决了上述问题，极大地减轻了病患的痛苦，保证了专科治疗的顺利开展。这项技术不仅在肿瘤科各区广泛开展应用，同时也为院内其他科室解决类似问题提供了有益的借鉴和经验，取得了良好的社会效益和经济效益。

宾三梅除了做好患者的日常护理工作，还非常重视患者的心理护理，她将心理纾缓护理渗透到临床护理工作中，及时发现并解决患者的心理问题，甚至挽救了患者的生命。由于病种的特殊性，常有初诊的肿瘤患者因为一时接受不了患癌症的事实，表现出拒绝治疗甚至轻生的念头。患者心理上的任何细微变化，都逃不过宾三梅的眼睛。每每遇到这样的患者，她总是竭尽所能，耐心倾听他们的忧虑和痛苦，做患者的贴心人，取得患者的信任，建立良好的护患关系，同时给予心理护理，疏导患者的负面情绪，使他们重拾对生活的信心，积极配合治疗。

宾三梅为护理事业，为广大患者无私奉献，用自己的爱心温暖和照亮了每一位患者的心。

何沛权

以教为乐　乐在奉献

何沛权，男，肇庆市德庆县德城镇第一小学美术高级教师。

他长期潜心少年儿童的书法教学，不遗余力地推广和弘扬书法艺术。他还负责学校的乒乓球教学工作，兼任县乒乓球班的外聘主教练一职，培养了大批书画人才和乒乓球人才。他就是德城镇第一小学美术高级教师何沛权。

何沛权老师以教为乐，乐于奉献。他是学校的美术骨干教师，平时除了完成学校的教学工作，还利用大量课余休息时间辅导学生的书画练习。在教学中注意激发学生的兴趣，寓教于乐，让学生体会创造的兴奋、美术的愉悦，在教学中形成独具特色的教学法：学生先说话，教师后评价；学生先实践，老师后指导；学生当老师，老师当助教；学生当评委，老师当嘉宾，这些教学法深受学生的欢迎和喜爱。

何沛权还是肇庆市书法协会会员、县美术书法协会常务理事、德庆县美术学科带头人，30年孜孜不倦于书海艺途。为了钻研书法，他曾不辞辛苦，接下了全校24个班级的标语书写任务，一写就是几十个春秋。他还自费参加省市举办的书法研讨班学习，使书艺更上一层楼，他的书法在全县乃至省市都有一定的知名度。他指导的学生中多人参加省市各类青少年书法大赛取得骄人的成绩。

何沛权长期致力于德庆县的乒乓球教练工作，为推动县的乒乓球事业发展做出很大的贡献。他从小参加乒乓球训练，打下了坚实的基础，一直以来代表县出征各类乒乓球比赛，取得了优异的成绩。为使德庆县的乒乓球体育项目后继有人，何沛权成立了德庆少儿乒乓球训练基地，成为一个业余的乒乓球教练，利用业余时间培养了大批乒乓球人才。

1980年9月，何沛权调到县城第一小学任体育教师，兼任县体校乒乓球教练。当时的环境很差，无校舍，体委便将体育场上的一间小房子修葺好，让何沛权和几个寄宿的孩子住下来，然后在水泥地围上篱笆，顶上盖上帆布，地面放四张乒乓球台，一间简陋的乒乓球室就这样搭起来了，人们叫它竹篱笆球室。何沛权和孩子们在这里一住就是五年，其间，他们早晚训练，何沛权既当教练，又当保姆，生活很艰苦，可与孩子们朝夕相处，亲密无间，他很开心。如今这间简陋的球室已经不存在了，当年在这里训练过的孩子们都已长大成才，但他们都忘不了这段经历，忘不了这位何老师。

在何沛权的辛勤努力下，德庆县乒乓球人才辈出，为省市输送了不少人才。何沛权的成功源于他敬业乐业、以教为乐、乐于奉献的精神。

何添才

手牵青少年　心系下一代

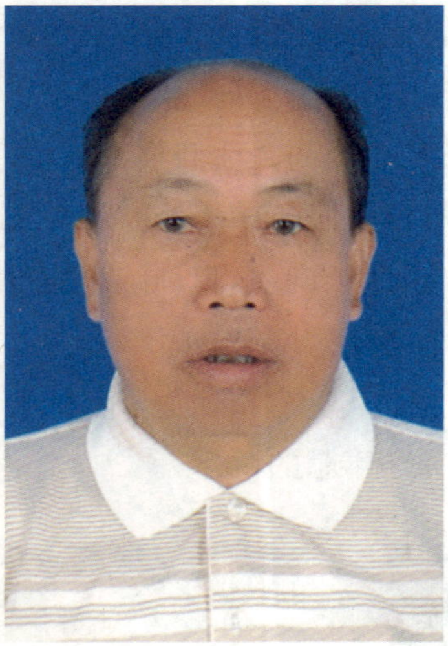

何添才，男，肇庆市德庆县永丰镇关工委常务副主任。

2003年，在教坛上耕耘了四十二个春秋的何添才从学校领导岗位上退下来，出任德庆县永丰镇关工委常务副主任一职，十年来，他情系下一代，将余热化为春雨，沐浴新苗；他关心留守儿童和孤儿、特困生的成长，帮助失学儿童重返校园；他挽救失足青年，帮助他们成为成功的创业者；他还为农村培养了大批种养致富能手。

“关心下一代青少年成长”是关工委同志和老一辈的职责和义务。何添才经常深入到全镇11个村委会发动老干部、老党员、老职工、老农民和老教师参加关工委工作。永丰镇村共建立了36个关工小组，共373名志愿者，由老干部、老党员、老职工、老农民、老教师等组成了一支关心青少年成长的队伍，举行“如何挽救失足青年”“如何帮助留守儿童”和“自觉抵制六合彩进校园”方面的专题讲座。

2009 年 10 月，何添才在调研中发现镇中心小学五年级学生陈祖定和梁美连两位是孤儿，他们孤独无助、家境十分困难，因此他与学校领导商量，发动全校师生募捐，他带头捐款、捐物。在教师们的带动下，全校师生的捐款达 2 300 多元，为他们解了燃眉之急。后来他又积极联系县关工委和慈善组织，为他们资助每月的生活费用，直至初中毕业，使两位孤儿的生活有了保障。之后他又联系慈善组织为多位孤儿解决日常生活的费用问题，并为因特殊情况长期未能入户的几位孤儿解决了户籍的大难题，让他们的生活学习有了保障。

为使青少年有一个良好的成长环境，何添才积极开展形式多样的宣传教育活动，每年到全镇中小学开展一至二次“法制教育”“安全教育”“前途理想教育”的专题讲座，策划组织“九九重阳感恩节”敬老活动。

何添才每学期都前往镇上各中小学，组织各校留守儿童按各自然村的远近成立几个学习小组，督促孩子们在约定的地点学习。几年来，全镇从未发生过留守儿童的任何意外事件，使外出务工的父母放心、孩子们安心学习。

何添才还与关工委老同志一起做失足青年挽救工作，挽救失足青年 8 人。荔枝村青年小林，因盗窃曾被送劳动教养，且屡教不改。何添才多次和退休村干部上门与他促膝谈心，对他进行开导教育。小林表示悔改，改过自新。何添才和关工委又与农村信用合作社联系，帮助小林种植砂糖桔，面积达五亩之多，使他成为村里的创业先进青年。镇关工委每年都组织举办 1 至 2 期农村创业青年种养技术培训班，为农村培养了大批种养致富能手。

何添才退而不休，为下一代的健康成长，为乡村的未来奉献自己的余热。

钟有志

矢志不渝做公路养护人

钟有志，男，肇庆市广宁县下碲道班班长。

钟有志于2005年进入道班工作，是一位“以农代工”的农民养路工。每月仅有一千多元的收入，但是，他从不计较收入的多少，为了他热爱的公路养护事业，矢志不渝地做一名平凡的公路养护人。

钟有志进入道班工作之前是一名土石方工程工地主管，年收入可观。可是当他看到县道南北线很多路段凹凸不平，而且每逢下雨天经常出现山体塌方，阻塞交通，严重影响群众出行的时候，便产生了“放弃高收入工作，投身公路养护事业”的念头，于是他动员妻子一起加入了地方公路养护工队伍，从此成为一名农民身份的道班工人。

钟有志所在的下碲道班管养县道南北线和荷螺线共44公里路程，涉及三个镇六万多人口的出行问题。管护的路段不但养护里程长，而且路面组合形式复杂，一遇雨季汛期山上塌方不断。2006年强台风“派比安”给广宁县造成严重灾害，钟有志带领道班的同事们连夜清理塌方，连续三天两夜轮班上阵，最终使公路恢复畅通，受灾群众得到及时救助。有一次，钟有志家背靠山脚的房屋屋背山边出现了山坡塌方，已经危及自家房屋安全，年迈的父母打电话叫他回去清理塌方，当时的他正在工地抢险，他和同事用了一个多月的时间完成抢险任务后，才拖着疲倦的身体回家清理自己家房屋后面的塌方。

钟有志和他的同事还在道班建造了沥青路面修补简易供料场，承担起本该由公路建设施工企业组织施工的沥青路面维修工程任务，共为国家节省了100多万元的养护资金。他和他的同事共培筑路肩1.2万多立方米，整修水沟23公里，路肩铺草皮3.4万平方米，种植公路绿化树2.5万株。他还注意在“管”字上下功夫，8年来，他所在道班管养的路段平整、顺畅，连续7年被肇庆市评为文明样板路和绿色通道。

自从钟有志参加道班工作以后，他和妻子都住在离家十多公里远的道班，节假日也经常因抢险或是执行紧急任务不能回家，年过七旬的父母只能自己照顾自己。为了公路养护事业，钟有志舍小家为大家。

辛勤的汗水换来丰硕的果实。钟有志先后获得省、市、县“先进个人”“优秀共产党员”“劳动模范”等荣誉称号。他所在的下碲道班也分别被广东省公路局和肇庆市地方公路管理总站评为“先进道班”。2013年钟有志被评为“肇庆市身边好人”。

谢文坚

好司机　用责任担起生命之重

谢文坚，男，肇庆市粤运汽车运输有限公司广宁汽车站司机。

今年50岁出头的谢文坚，是肇庆市粤运汽车运输有限公司广宁车站的一名普通驾驶员。他有35年专业驾驶经验，安全行车306万公里，相当于绕地球赤道76.5圈。而在这几十年的职业生涯中，谢文坚一直保持着零违章纪录，成为广东粤运交通股份有限公司属下所有运输单位中安全行车公里数最多的驾驶员。

谢文坚说："只有具备良好的身体素质、心理素质和文化素质，才是一名合格的司机。"谢文坚的父亲谢友彬也是一名优秀驾驶员。父亲对他的要求非常严格，在他考取驾驶证时，父亲把倒车入库考试要求的"车辆左右各距离桩线30厘米"缩短为20厘米。经过极为严格的训练，谢文坚掌握了过硬的行车本领。

在行车中，谢文坚严守交通法规和行车操作规程，保持中速行驶，文明礼让，在复杂路段减速行驶，坚决不开"斗气车""英雄车"，为此避免了很多惊险事故的发生。有一次，谢文坚执行广州返广宁班车任务途经马房大桥时，当过完下坡距离收费站五六十米处时，他听到后面传来一阵响声，往左倒车镜一看，只见一辆泥头车飞快地赶上来抢车道，谢文坚马上向右打方向盘，刹车让行。结果，泥头车由于车速过快、刹车不灵，撞上了前面在收费站等候的货车。谢文坚靠着文明行车的素质和纯熟的行车技术，让车上乘客避过了一场交通事故。

“我开的不只是能解决温饱的车，更是满载着生命的车，乘客把生命托付给我，我就要对他们负责。”在谢文坚看来，做到安全驾驶，不仅要掌握过硬的驾驶技术，做到文明礼让，还要有健康的体魄，保持清醒的头脑。

谢文坚还是一位见义勇为的好人，一次他开车经过肇庆市二塔路段，看见有一个女生跌落桥下河沟。由于大雨刚过，河水暴涨，有三四米深，女生在河里时浮时沉，情况非常危急。谢文坚立刻下车，推开围观人群跳下河沟，将她救了上来。由于女生已不省人事，谢文坚马上采取压心胸、按人中等方法进行抢救，经过十几分钟抢救，终于苏醒过来，在场的群众不禁拍手称赞。落水女生的亲属赶来，向他送上红包酬谢，被他宛然谢绝。

谢文坚也是个拾金不昧的好人。2004 年的一天，谢文坚回站洗车时，看见驾驶位旁边有一个公文包，里面有一万多元现金及港澳通行证、身份证等证件，他立即交回办公室，并帮忙联系失主。当这名旅客取回自己的失物时，当场拿出 3 000 元酬谢，被他宛然谢绝。2012 年 9 月 1 日，他在执行广宁至中山班车任务回程时，接到调度室打来电话，说有一位旅客将钱包遗失了，要求帮忙在车上查找，他马上停好车与乘务员一齐在座位上逐一检查，最后在其中一个座位上找到遗留钱包，内有现金 2 900 元、银联卡两张、失主身份证一张和商务账单数张。当天失主来到车站送上锦旗以表谢意。

2014 年，谢文坚被评为“肇庆市身边好人”，同年被评为“肇庆最美驾驶人”，2015 年获省级“安全文明驾驶人”称号，同年被评为首届全国道路运输安全行车百万公里“全国优秀驾驶员”。

何娟明

女麻醉师的医者情怀

何娟明，女，肇庆市怀集县人民医院手术麻醉科主任。

在怀集县人民医院，有一个长年工作在手术室里的麻醉师，她以其仁医仁术，与手术医师们一起，挽救着一个又一个病重垂危的患者，从死神手中夺回了一个又一个即将消逝的生命。她不像临床手术医师那样享有盛名，却以自己全身心的投入和精湛的麻醉技术确保手术安全、成功，为手术赢得时间，为患者解除痛苦。她在自己平凡的岗位上默默奉献，展示着白衣战士的风采。她就是怀集县人民医院手术麻醉科主任、麻醉副主任医师何娟明。

何娟明自 1982 年参加工作以来，一直从事手术麻醉工作。30 年来，在救死扶伤的岗位上，她恪尽职守挽救生命，为患者提供了安全、优质的手术麻醉服务。

手术麻醉工作，从没有八小时内外的概念，只要手术需要，无论是白天还是黑夜，何娟明总是第一时间赶到手术室。早在20世纪80年代，医院麻醉医生奇缺，全院只有3位麻醉医生，经常连台手术，这让她缓不过气来。工作极度疲倦时，她用冷水拍头以保持清醒。2001年的一个夜晚，她正在家里休息，突然接到医院传达室的通知："一位子宫破裂的妇女急诊手术出现大出血无法处理需要援助。"挂了电话她顾不上换衣服，以百米冲刺的速度回到科室，一上台就投入全力抢救。此时，患者意识已模糊，呈休克状态，血压降到一度都测不出来。她当机立断，立即对患者进行气管插管、输液，以补充循环血量……患者血压慢慢升了上来，脉搏、呼吸也渐渐平稳。后来，她一直守着直到手术顺利结束，才拖着疲惫不堪的身体回家。次日患者家属硬要送一个红包给她，以表达感激之情，她婉言谢绝："我是一名医生，为病人服务是我的分内事。"

近年来，随着医院医疗业务的扩大，患者越来越多，全院一年7 000多台医疗手术，一天几台甚至几十台手术是常见的事，长时间、超负荷、连续性的工作，对手术麻醉医师是一个考验，对作为科室主任的何娟明更是严峻的考验。几台连台手术，她需在手术室里连续工作十几个小时。手术的高度紧张，麻醉的精度、密度，经常让她忘记了时间、劳累与饥饿。手术麻醉的工作性质决定了她必须承受"累"，她说："医生是患者以性命相托的人，每一位患者做手术，都把他的命交到我们的手上。"手里握着别人的"命"，就要对人家负责！作为一名手术麻醉医生，压力是很大的。作为科室主任，压力就更大了。一旦进入手术室，就没有了退路，只能恪尽职守。

何娟明医术高超，处理过许多特殊复杂的病例，有一次，一位患者麻醉后苏醒延迟，大家找不到原因便去请教她，她一进门就凭丰富的经验闻到一股特殊的酮症酸中毒味，在针对性给药处理后，患者很快苏醒。还有一次，一位患者全麻后不醒，她看过后嘱咐查血糖，结果高达23mmol/L，病人是高渗性昏迷，不是麻醉药物引起的，于是立即使用胰岛素，患者很快便苏醒了。

2010年，一位80岁高龄的男性患者术前被诊断为"右股骨颈骨折"，同时合并高血压、糖尿病，拟在麻醉下行"右人工股骨头置换术"。考虑到患者年纪较大，且身体情况不是很好，为保证术中患者生命安全，何娟明组织科内医生在手术前详细地讨论手术方案。术中前期顺利，麻醉效果满意，患者各项生命体征平稳。但是在为患者植入人工关节时，患者血压突然急降，心率也由72次/分降至30次/分，心电图显示患者出现室性自主节律。

患者神志不清，情况危急。由于术前对各种应急有预案，作为主任的她也一直在旁指导麻醉医生抢救。7 分钟后，患者血液动力学各项指标趋定，手术历时近 2 小时，术后患者清醒，未出现任何并发症。

医者以慈爱为怀，何娟明常以此鞭策自己。麻醉术后，呕吐是手术患者常见的反应。每次遇见此类患者，何娟明从不因呕吐物脏臭而避开或责怪患者，而是为他们擦身，并安慰、开导他们。

何娟明为患者默默奉献了三十多个春秋，以她的医者情怀挽救了无数的生命。她如一支蜡烛，燃烧自己，照亮别人。

毛金垣

扎根深山不动摇　教书育人永不悔

毛金垣，男，封开县罗董镇思寮村思上小学老师。

农历正月廿二，星期六，孩子们不用来上课。57岁的毛金垣还是一大早起来劈柴、扫地。毛金垣把劈好的一捆捆木柴放在墙边，几十平米见方的校园也打扫出一大片干净的地方，他亲手种下的桃树开满了花。他是封开县罗董镇思寮村思上小学的校长，也是这里唯一的教师。

毛金垣1975年高中毕业，在那个年代，这样一张文凭完全可以在县城里谋个体面的差事，但他却选择回到深山村民集资办起的小学，从1976年起到现在，一守就是30多年。思上小学地处深山，课本、作业本、各种学习资料都得靠他从镇上运回村里。20世纪70年代，全村找不到一辆自行车，毛金垣只能挑着两筐50多公斤的课本从远在16公里以外的镇上走回来。

随着20世纪90年代末“撤点并校”的开展以及农村适龄儿童数量的减少，思上小学的在校人数一直维持在二三十人，并且隔年招生。“三年级以下的才在这里上学，四年级开始就到镇上的中心学校。”

由于只有一个人教学，毛金垣每天上 6 至 8 节课，一周 30 节的课量安排得满满的，而且每节课要交叉两个班兼顾。除了英语课由镇中心学校的英语老师“走教”，其他小学阶段所涵盖的课程均由他一人在讲台上唱“独角戏”。

尽管条件艰苦，但思上小学教学成绩一直名列全镇前茅，上学期该校三年级数学成绩在全县排名第三。

“刚毕业那会儿有其他事可以做，也挣扎过，但最后想，如果每个人都不回去，我们这里就没人教书，没文化的孩子将来能做什么?”就是这样的念头让毛金垣铁了心，他一个人撑起一所学校 37 年，以一己之力培养了近 2 000名山里娃。

许多山里人家都指望孩子能通过读书走出大山，跳出“农门”，但毛金垣曾经从农村考出去，却又义无反顾地走回大山执起教鞭。

毛金垣爱生如子，为了照顾好学生，他和妻子搬进学校教室里住，以校为家，每天早起手挥大扫把扫出一个干净的校园，给学生一个干净整洁的学习环境。毛金垣说：“学校学生小，地扫得不干净，我得多做一点儿。”由于思上小学地处深山，学区所辖的三个村都是沟沟渠渠和弯曲的羊肠小道，其中下埌村过村路有一条河渠，只搭建有一条简陋的石桥。每到梅雨洪水季节时，毛金垣便在石桥边护送孩子们回家。由于只有一个人，他把学生按片区分成几个路队，送好这一队再送那一队，妻子便在学校一边看护学生一边做晚饭。经常是他护送完学生回家，天已经黑了。

在洪水上涨没法过河的中午，下埌村的学生就在学校吃饭。由于学校没钱请工友，于是，毛金垣又当起了工友，他平时利用课余时间上山砍柴、劈柴，准备足够的柴火，他的妻子用一个不大的电饭煲连续煮两锅饭，十多位学生便排好队，等着毛金垣和师母给他们盛饭。毛金垣说：“学校的学生没有挨饥抵饿，没有发生安全事故，这都多亏了我的妻子，虽然这里条件艰苦，可是她忙完农活还经常帮我的忙，要不是她帮我，我可真的是难做了。”是啊，俗话说得好，一床被子不盖两样人，为了这些山区的孩子，他们夫妇付出了多少常人难以想象的心血啊！

虽然学校教工只有毛金垣一个人，每天要教很多门课程，但他从不上一堂马虎课。一年级学生刚入校，地扫不干净，毛金垣一下下地扫给他们看；桌旁有几片碎纸，毛金垣拾起来丢进他自制的简易垃圾桶；有的学生裤子弄脏了，毛金垣用自己备好的一些裤子给他们换上；学生生病了，毛金垣马上背着去看医生。毛金垣还随身带个削笔刀，哪个学生的笔不好用了，就给他削一削……耳濡目染，孩子们学着做，渐渐学会了团结友爱、谦和礼让、理解互助。毛金垣30多年来坚守山区教育工作，用自己一双粗糙的大手呵护着山里的娃娃们，筑起无数山区孩子的上学路、成长路，他教会了学生学习、教会了学生生活、教会了学生做人。

“蜡炬成灰泪始干”“俯首甘为孺子牛”，这是千千万万教师的真实写照，也是毛金垣扎根山区三十载、默默奉献的人生写照。他说：“我是大山中的一棵松，我愿扎根深山不动摇，教书育人永不悔！”

黄月珍

“最美巴姐” 待客如亲人

黄月珍，1970 年生，女，肇庆市公共汽车有限公司公交车驾驶员。

她随和真诚，待客如亲人，总是微笑着把乘客安全地接载到目的地，让每位乘客如沐春风；她心细如尘，爱车如友，使车辆的工作率和完好率一直保持在 98% 以上；她技术纯熟，不急不躁，两年来累计安全行车里程达 90 万公里，没有发生一宗有责行车安全事故。她就是肇庆市公共汽车有限公司 23 路粤 H05513 公交车驾驶员黄月珍。作为一名女驾驶员，她用女性特有的温柔、细致，以及一丝不苟的工作态度树立了榜样，成为 700 多名驾驶员中的杰出代表。先后荣获“肇庆市首届十佳公交车司机”“最美公交司机”“广东省最美巴哥巴姐”等荣誉称号。

站在公交服务的第一线，每天面对形形色色的乘客，黄月珍认为保持轻松愉悦的心态是做好驾驶工作的关键，如果自己心情不好，又怎么能够为乘客提供优质舒心的服务呢？简单的一个微笑、一声招呼换来的不仅是乘客满意的笑容，更多的是别人的尊重。她用真诚的笑容迎接每一位上车的乘客，偶尔遇到故意刁难的乘客，她也相信用心沟通是化解矛盾的最好方式，面对矛盾她总是用诚恳的态度耐心地与他人沟通解释，让别人理解接受，最后在她真诚的笑容和沟通中矛盾一一化解。

为了能服务更多的人，黄月珍除了完成23路的班次任务，还主动承担广利小学的定班专线任务，接载小学生们回家。对待这些可爱活泼的小学生，黄月珍就像对待自己的子女一样关怀备至、和蔼可亲，学生们都热情地称呼她“黄阿姨”，车厢内时时洋溢着欢乐的笑声。由于23路是郊区线路，经常遇到问路人，每次黄月珍都耐心地用纯正的粤语或普通话为乘客解答，到站时还不忘热心地给乘客提一声醒。

2013年6月的一天，天气十分炎热，黄月珍正在罗隐码头站公交总站等待发班，远远望见一位步履蹒跚的老人家挑着沉重的农产品向公交站缓缓走来，由于码头到公交站较远，且要上下坡，因此老人家看起来相当吃力，整个人大汗淋漓的。黄月珍见此情形，跑过去接过老人的担子挑回车上，并招呼他坐好，笑着说：“不用急，先吹吹空调凉快凉快。”老人家拿出自家的农产品感谢她，黄月珍婉言谢绝，老人感叹：“肇庆公交有你这样的好司机真好。”平时，遇到老年乘客，她总是贴心地提醒道：“慢慢来，不用着急。”待老人家坐稳后车才起步，尊老爱幼的她于细微处见真情，在车厢内传递着人间温暖。

还有一次，黄月珍看到一个手提包被遗留在车上，经检查发现包里装有现金、银行卡及其他重要证件，她心想乘客丢失了如此重要的东西一定会回头来找，她得帮忙保管好失物。等车到达罗隐码头的时候果真有乘客打电话过来询问，经确认后黄月珍把失物交还给失主，失主林女士感激万分，事后特意送来一面印有“品德高尚　拾金不昧”的锦旗。

黄月珍走的是郊区线，沙尘特别多，一天下来车身便沾满灰尘，这让她更加重视车辆的维护和保养，此车辆的清洁卫生工作做得一丝不苟，就连一些卫生死角都不放过，她希望为乘客提供舒适干净的乘车环境，也为肇庆城巴创造一个良好的公交形象。23 路线虽然客源不多，但工作时间长，往驾驶座上一坐就是一整天，面对多变的路况黄月珍不敢有丝毫松懈，每天认真专注地开好每一趟车，把乘客安全送到站。

黄月珍说：“做公交车司机，最大的满足感就是把一个个乘客载回温暖的家，这种满足感是难以言喻的。”日复一日、年复一年，黄月珍一如既往地用心、用爱、用真诚为乘客服务，在平凡的岗位上谱写一曲敬业奉献之歌。

梁 莉

守护母婴健康的白衣天使

梁莉，女，中共党员，高要市人民医院妇产科主任医师。

梁莉从事妇产科临床工作三十多年，是南方医科大学兼职教授，兼任肇庆市医药卫生专家委员会委员，肇庆市科技专家库专家。三十多年前，她从医学院毕业后，怀揣医为仁术、救死扶伤的誓言，义无反顾地把医疗工作作为自己终生的事业，当一名守护母婴平安健康的白衣天使。三十多年来，她把患者的生命安全放在第一位，以“仁心仁术”和“行医济世”的人文精神、精湛的医术为患者治病，全心全意为患者服务，深得同行及患者的好评。

作为科主任，虽然有很多的行政管理工作需要处理，但梁莉始终不忘自己首先是一名医生，一名系母婴安危祸福于一身的妇产科大夫，她坚持患者需求至上的原则，对每一位患者的健康和幸福给予诚挚的关注，以人道和值得信赖的方式给患者提供最优质的服务。

为了实践“患者需求至上，团队医学精神”的核心价值观，梁莉把

“一切为了患者，为了患者一切，以病人为中心”的服务理念贯穿在整个医疗活动中。尊重患者、关爱患者、方便患者、服务患者的人文精神，在医疗活动中也得到充分的体现。在她的带领下，医院妇产科拥有了一支具有十余年丰富腹腔镜手术经验的技术团队。这支团队坚持“全心全意为广大患者服务”的宗旨，本着“微创化、人性化、个性化”的治疗理念，大力开展腹腔镜、宫腔镜、阴式等妇科微创手术，将妇科打造成在肇庆市具有一定影响力的腔镜微创品牌，为广大患者提供了优质的技术服务。2011 年，梁莉所在医院的妇产科被省妇女联合委员会评为“广东省巾帼文明岗”。

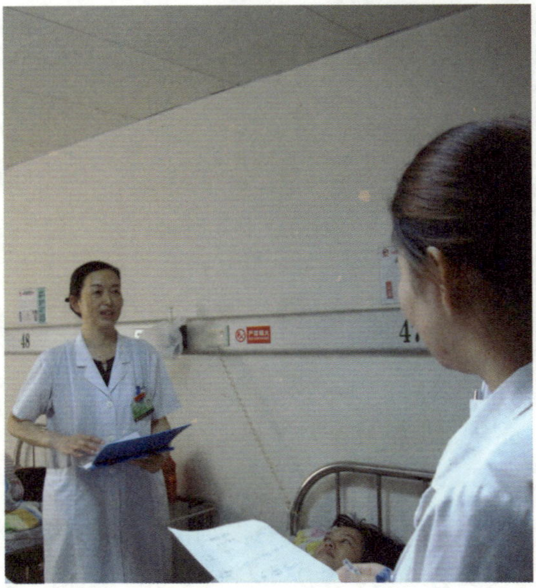

梁莉对待患者如亲人，关心她们的疾苦，热心为她们服务，在节假日和晚上还经常回科室巡视产妇及初生婴儿，了解科室的工作，指导和参加抢救危重患者。她是妇产科的“主刀手”，大量手术需要她主持，每年手术1 000余台。一次有一名孕妇在剖宫产术中，突然急性羊水栓塞，全身发绀、抽搐，呼吸困难，血压下降，心律失常，呼之不应，梁莉带领抢救小组积极施行抢救。防治 DIC、预防肾功能衰竭、预防感染等一系列有效的处理，使患死亡率 80% 的急性羊水栓塞患者得到了救治，最后母婴健康出院，患者及家属对此感激不尽，高度赞扬梁莉及其团队的精湛医术和高尚医德。

梁莉注重对年轻医护人员的指导，积极在科室中开展“传、帮、带”活动，对新毕业的医护人员进行言传身教，帮助年轻医务人员解决日常医疗工作中碰到的难题，经常带领全科人员进行病例分析，对症治疗，把自己的行医经验毫无保留地传授给他们，让年轻医务人员尽快熟练工作，提高专业技术水平。近5年来，她共带教进修生100余人，以及各高校实习生500多人。

梁莉医德高尚，廉洁从医，为了遏制不正之风，有效解决影响医患关系的红包问题，她以透明保廉洁，将每张床位的主诊医生、责任护士姓名公之于患者，把“请不要给我红包”“谢绝馈赠”“请病友监督我的职业操守”等字样贴在病房中，让患者监督，全科人员都凭着高尚的医疗品德和热情的服务态度来善待患者，廉洁行医蔚然成风。患者送出的红包最后都回收到了他们的住院费中。有的病友在临出院时发现这一情况流露出感激之情。

几十年来，梁莉全身心投入到神圣的事业之中，救死扶伤、默默奉献。以高尚的医德，精湛的医术赢得了人民群众的爱戴，树立了“白衣天使”的良好形象。

梁志宇

扎根老区二十载　甘当农民健康守护神

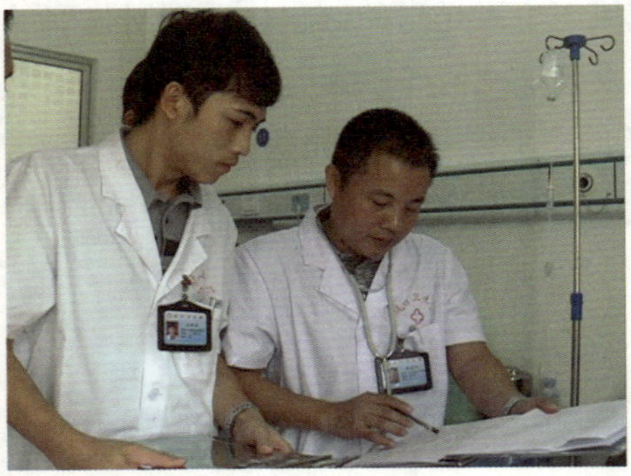

梁志宇，男，1972 年生，广宁县坑口镇卫生院党支部书记、院长、副主任医师。

梁志宇自 1993 年从医学院毕业后，放弃留在城市大医院工作的机会，毅然选择来到革命老区，扎根农村 20 年，为山区农民的健康奉献自己的青春年华。

为患者解除痛苦是医生的天职，这需要精湛的技术作为后盾。梁志宇刻苦钻研业务，以精湛的医术和高尚的医德为众多患者解除病痛。他主持开展普通外科、泌尿外科等大中型手术，外科手术量在全县乡镇卫生院中名列前茅。他不仅是卫生院院长，更是卫生院的一名外科副主任医师、技术权威和外科学科带头人。

多年来，梁志宇亲手诊治的村民不计其数，实施手术 1 500 多例。他急患者之所急，痛患者之所痛。其医德及医术获得广大群众的高度赞誉，是一名值得群众信赖和敬重的好医生。

梁志宇常说：“农村医生就是农民兄弟的健康守护神。把患者治好就是我最大的幸福。”20 多年来，他把一腔热情倾注在患者身上，不论白天黑夜，不管刮风下雨，从不拒绝患者的要求，第一时间披挂上阵。对于离县城半个小时的家，他一个月也难得回去一次，面对妻子、女儿的不解，他只是无奈地笑笑说："患者需要我呀！"

2013 年秋，三次台风暴雨的冲击使镇内道路多处出现塌方堵塞。在倾盆大雨中，大同村 80 岁高龄的黄婆婆突发急性心力衰竭，需急救，由于医院缺乏足够的医疗器械，急需转到县城大医院治疗，但暴雨造成的山体塌方堵塞了道路，医护人员和患者家属都万分焦急。时间就是生命，一刻也不能拖延，梁志宇亲自上阵，带领大家冒着泥石流的危险，将患者抬过堵塞路段，转交给县医院派来的救护车，将患者安全送到大医院。

有一次，梁志宇的老母亲因病转送到省城大医院治疗，急需人照顾，他已请好了假准备出发，可是突然来了危急患者要做手术，面对亲人的催促和患者对生命的呼唤，进退两难之际，他毅然把老母亲托付给匆匆赶来的妻子先行出发，自己则转身投入到抢救工作中。直到患者脱险后，他才如释重负地走出手术室，迎着暮色踏上夜班车赶去省城看母亲。

梁志宇出身农村，深知农民群众的艰辛。他总是设身处地地为患者着想，根据患者的实际情况设计最佳治疗方案，能够通过口服药治愈的，绝不让患者打挂针；能够在门诊治愈，绝不要求患者住院治疗。尽可能减少患者的痛苦，减轻患者的负担。有些患者看病一时无钱拿药，他还时常掏钱垫上。患者病愈后，为感谢他，给他送红包，他一概不收，还耐心地嘱咐患者要注意身体，钱要用在治病上。近几年，坑口镇卫生院门诊处方值与次均住院费用均低于全县平均水平。

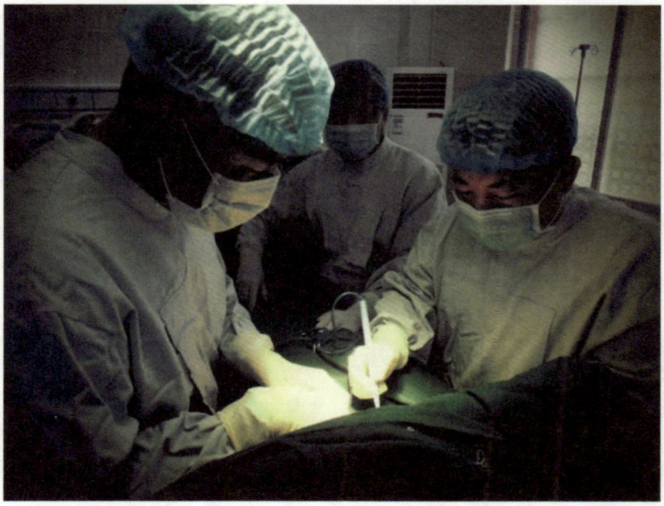

两年前，坑口镇卫生院迎来了新一轮医疗改革。医改初期，卫生院曾一度出现业务滑坡、病员减少、医务人员待遇得不到保障、人心不稳的情况。梁志宇耐心地做好干部职工的思想工作，仔细研究对策，对医院管理实施“外科手术”。为把卫生院硬件建设好，他不辞劳苦地跑部门、跑上级，筹集了500多万元用来更新添置医疗设备，新建了一栋住院大楼和一幢职工周转保障房，使卫生院的硬件设施足以和县级医院相媲美，为患者提供了一个整洁、舒适的住院环境，让患者更好地享受到方便、质优、价廉的医疗服务。诊疗环境的改善，服务质量的提高，使业务量比医改前大幅增长，最多的一个月住院人数达180多人，相当于几年前一年的住院量。医务人员待遇也有了较大提高，大家都对他竖起了大拇指。

一分耕耘，一分收获，2013年梁志宇被评为全国乡镇卫生院优秀院长，成为全市唯一获此殊荣的人。面对荣誉，他淡然一笑，以更大的热忱和更踏实勤奋的工作态度投入他热爱的事业，无怨无悔地奉献自己的才智。

卢汝汪

扎根深山二十六载　徒步巡山十二万公里

卢汝汪，男，肇庆市国有新岗林场护林员。

从1988年开始至今，卢汝汪每天至少要翻山越岭、徒步行走10多公里。26年来，他已经巡山行走了12万公里，相当于绕地球行走了三圈。

卢汝汪是肇庆市国有新岗林场护林中队副中队长。这个林场虽然位于怀集县冷水镇境内，但是距离怀集县冷水圩镇要走20多公里的山路，距离最近的山村也有四五公里。

1988年4月，年仅16岁的卢汝汪子承父业，成为肇庆市国有新岗林场的护林员。从此，他忍受着常人难以想象的艰苦和寂寞，默默奉献青春26年，赢得了社会的尊重，最终荣获2014年“肇庆市身边好人”之“敬业奉献好人”的称号。

卢汝汪的父母亲都是肇庆市国有新岗林场的职工。他在那里出生、长大，从小就知道当林场工人艰苦、寂寞。但他还是按照父母的意愿，在新岗林场招工时报了名，成为一名护林员。

当时的肇庆市国有新岗林场共有 5 个工区，卢汝汪被安排在其中一个最偏远的工区，分片巡守山林，“这个工区只有几个男职工，到新岗林场的场部都要走半天山路。我们白天植树、巡山护林，晚上无聊到只能数星星”。

当时，肇庆市国有新岗林场到怀集县冷水圩镇还没通水泥路，卢汝汪等林场职工如果到怀集县冷水圩镇购买大米、油盐和牙膏等日用品，必须步行和肩挑背驮，来回要花费一整天的时间，“必须在凌晨 3 点出发，当天晚上八九点钟才能返回林场的工区”。

肇庆市国有新岗林场共有 10 万多亩山林，但是只有卢汝汪等 5 位巡山护林员。每天早上 7 点多，卢汝汪就要开始徒步巡山，直到当天下午两点多才能返回林场工区，无论刮风下雨从不间断，“午饭吃的是随身携带的冷饭菜或者饼干”。

肇庆市国有新岗林场最高处是大稠顶，此地海拔 1 626 米。卢汝汪每天步行 3 个多小时爬到大稠顶，由于缺氧经常气喘、胸闷，但“还是马上拿出望远镜，观察林场有没有火情、盗伐等情况，然后又行走 3 个多小时返回工区”。

卢汝汪每次外出巡山护林，都要扛一把砍刀，“用来砍掉挡住巡山道路的荆棘，以及掉下来的树枝”。

卢汝汪还随身挎着一个帆布包，他把这个挎包称作“救命包”，“里面装着止血、止痛和治疗蛇毒的药物。26 年来，巡山时手脚经常被荆棘或尖石划破，就靠这些药物止血。我也多次碰到野猪、蟒蛇等野生动物，几次被眼镜蛇咬伤，都是包里的蛇药救了我的命”。

有一次，卢汝汪艰难地爬到新岗林场的雷公球山顶后一脚踩空，滚下山谷五六米，“幸好我死死抓住了一棵树，如果再滚十几米，我就会掉下数百米深的悬崖峭壁，肯定会摔得粉身碎骨”。

肇庆市国有新岗林场党委副书记马乃棉兼任护林中队中队长，他在谈起卢汝汪时也面露感动和敬佩之情，“由于护林员的工作太辛苦，随时面临危险，当年跟卢汝汪一起被招进来的几个护林员，大部分都调走了。现在新岗林场的护林员中，虽只有卢汝汪是林场的正式职工且为副中队长，但没有特权仍与大伙一起徒步巡山”。

肇庆市国有新岗林场的职工们多在怀集县城或怀集乡镇的圩镇买了住房，“只有卢汝汪由于家庭困难，只能住在老家怀集县冷坑镇龙村的老屋里”。卢汝汪的老家距离他工作的新岗林场工区有 100 多公里，因为路途遥远，他每个月只能回家休息一两天。由于卢汝汪一心扑在护林工作上，跟妻儿聚少离多，所以没有时间照顾家庭，1999 年 11 月，他不幸失去了自己的儿子。

“当年只有两岁多的儿子，掉到村里的水塘里溺亡。我如果能够经常回家照顾儿子，他可能就不会这样走了。”卢汝汪忆起痛失幼子的不幸往事，伤心欲绝、愧疚万分。

26 年来，卢汝汪每天起早摸黑地带着挂包和镰刀重复着护林巡山工作，他走遍了新岗 10 万亩大山，对林场的边界和防线了如指掌，林场 20 多年来没有发生过森林火灾，有这样的成绩他功不可没。

（来源：《西江日报》，记者：李文华，特约记者：徐维宁，编者有删改）

冼永杰

与鹤共舞的年轻人

冼永杰，男，肇庆市星湖园林建设管理所鹤园管理部副部长。

冼永杰是丹顶鹤生态园管理部副部长，又是驯鹤人，他与丹顶鹤接触已有六年，早已把丹顶鹤看作自己的朋友。

他是养鹤人里为数不多的男生，更是鹤园管理部为数不多的大学生。他和同事每天放养着丹顶鹤，丹顶鹤的吃喝拉撒与日常锻炼，每一样都要管。俗话说“知子莫若父”，在这里，知鹤莫若冼永杰。这里的丹顶鹤跟野生的丹顶鹤有一点不同，它们出生以后并不会飞，需要人工带领他们锻炼翅膀，驱赶他们飞翔，所以，他每天的工作就像带小孩做课间操一样，带着这群丹顶鹤一起跳舞。冼永杰说：“每天最好带着它跳一下，沟通一下感情嘛，有几只特别有感情 ，即使你不找它们，它们也会凑过来找你跳舞、逗你。”

丹顶鹤一整天都会迈着小细腿巡视它的领地，孤傲地整理它的羽毛。作为全球 19 种鹤当中第二大稀有鹤群，它们对水、食物、空气要求极高。它们能在星湖生存下来，说明这里湿地环境极佳。日落时分，贪玩的鹤群乖乖地听着冼永杰的“话”，排着队，走回笼舍里。冼永杰日复一日地与丹顶鹤为伴，从未感到寂寞，因为他是在为保护肇庆的生态环境做贡献。

回想大学四年，匆匆而过，冼永杰既去过广州饲料厂工作，也到过清远养鸡场。2009 年初，他在网上偶然看到一个告示——肇庆星湖园林所招聘丹顶鹤饲养技术员，心动不已。因为那是他的家乡，那片熟悉的土地有淳朴的民风，有着优美的自然环境。有人间仙境七星岩，有北回归线上的绿洲鼎湖山，如今还添上了丹顶鹤这些美丽的精灵。他一直爱好动物，这机会简直是千载难逢的。于是在 2009 年的冬天，经过重重考验，他回到了肇庆。

尽管有心理准备，但到了鹤园冼永杰才发现这里生活条件非常艰苦，待遇之低也是出乎意料。虽然他所学专业是动物科学，但丹顶鹤还是头一次见到，很多东西都要从头学起。记得刚开始时，捕捉鹤鸟这么简单的事情，他都会在身上留下不少伤疤。怎么分辨这里的 40 多只丹顶鹤都是考验。当夜里独守空楼，心里发慌的时候，他经常会想究竟来这里是为了什么？他的目标是什么？

冼永杰迷惘过，动摇过，但还是坚持下来了。经过一段时间与丹顶鹤的亲密接触，他与丹顶鹤逐渐建立起了深厚的感情，熟悉了每一只丹顶鹤，远远地通过一个动作或神态就可以判断识别是哪一只丹顶鹤。后来，他甚至可以与多只丹顶鹤共舞。随着工作经验的不断累积，他逐渐熟悉了鹤园的工作流程，掌握了鹤鸟的分类、生活习性、雌雄鉴别、饲养繁殖、疾病防治、放飞表演等相关知识与技能。

在鹤鸟孵化繁殖期，冼永杰经常利用休息的时间，观察小鹤和孵化机的情况，详细记录各种数据资料，积累知识经验。2013 年，面对来势汹汹的

H7N9 禽流感疫情，他和同事们沉着应对困境，顺利度过疫病高发期。

冼永杰与同事们一起努力，不断迎接挑战，共同成长。他们的努力和坚持没有白费，从 2010 年到 2013 年，共孵化出 15 只丹顶鹤，数量比之前大幅增加，探索出包括人工孵化、人工育雏在内的一整套孵化繁殖技术，顺利完成各项任务，丹顶鹤的逃逸和受伤事故大幅减少，没有发生丹顶鹤重大传染病。

六年，冼永杰把最美好的青春年华奉献给丹顶鹤园，让青春在平凡的岗位上闪光。

陈素英

无私奉献　天使情怀

陈素英，女，肇庆市第一人民医院主任护师。

陈素英于1980年毕业于肇庆卫生学校护理专业，是一名主任护师，三十多年来，她时刻以南丁格尔为榜样，用默默奉献诠释白衣天使的内涵。

陈素英从事神经外科及心胸外科护理工作，在技术上精益求精，刻苦学习，努力钻研，练就了一身过硬的操作本领：为休克病人穿刺一针见血；为昏迷患者吸痰轻快畅通无刺激；为病人插胃管、心肺复苏技术过硬。扎实的技术水平也为抢救患者争取了宝贵的时间，使不少颅脑外伤患者从死亡边缘抢救过来，重返工作岗位。颅脑专科的特点是：急诊患者多，危重患者多，病情变化快，昏迷患者多，工作任务繁重，基础护理多，且难度大，重活、脏活她总是抢着干，尽职尽责，经常加班加点，深入病房，巡视患者，细致入微地观察病情变化，及早发现问题及早处理。一位脑肿瘤术后的患者，因排便困难而异常躁动，她想到开颅术后早期的患者，如果用力排便或起床排便，会引起颅内压增高引起再次出血的危险，导致手术失败，便毫不犹豫地带上手套，一点一点地为患者抠出了未排出的粪便，在场的人都被她的举动感动了。事后患者家属为了感激她而给她酬金，她都婉言谢绝了。

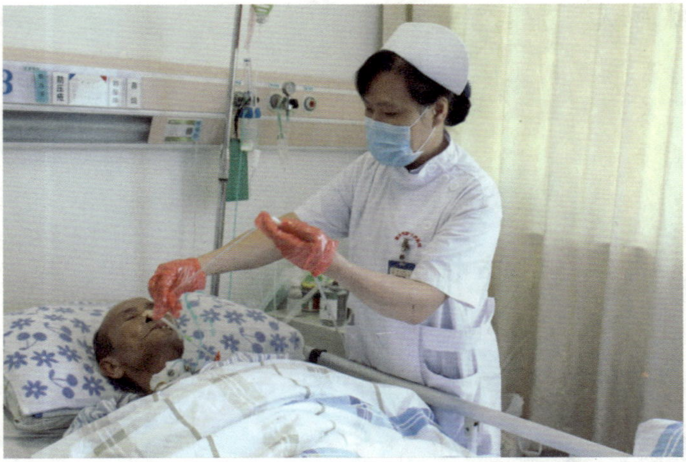

陈素英把患者当亲人，患者的满意和康复是她最大的心愿和追求的目标。患者有疑问，她耐心解答；患者有困难，她主动帮忙，用无私的爱去温暖每一个患者。每当有突发事件及大型抢救她都冲锋在前，忙而不乱地抢救每位患者的生命。一位 20 多岁的患者，因车祸致伤头部，造成颈动脉海绵窦瘘，于伤后第五天出现视物不清，且逐渐加重，有短时间的失明。由光明跌入黑暗，患者无法接受眼前的事实，再加上反复出现大量鼻衄，而导致恐惧、焦虑、不安、绝望，甚至丧失生存的勇气，脾气异常暴躁，将其父亲当作发泄对象。她看在眼里，急在心里，主动与患者及家属沟通，充分理解患者的心境，在生活上给予关心和照顾，如喂食、协助大小便等。给患者讲明了栓塞术的重要性及成功的可靠性，使患者树立了战胜疾病的信心，以积极的心态配合治疗。经过精心治疗及护理，患者视力恢复，康复出院。家人感激万分，每次返院复诊，患者都要探望一下他心中尊敬的陈大姐才离院。

在护理气管切开患者时，为保持呼吸道通畅，要经常为患者吸出气管内的痰液和血性分泌物，在操作中常常因吸痰的刺激引起患者咳嗽、咳痰，稍不注意痰液和血性分泌物就会喷到自己的身上。有一位患者，入院时病情危重，休克、呼吸浅弱，因颅底骨折，鼻腔及口腔有大量的血性液体涌出，伴频繁呕吐，入院后即行气管切开术，术后痰液特别多，经常喷到床上和墙壁上。为了做好该患者的气管切开护理，陈素英不怕脏、不怕累，经常为患者吸痰，虽常常被痰液溅到头发和脸上，但她毫无怨言，心里想到的只是病人，为患者翻身、拍背、擦身、洗脸、清理大小便。该患者要鼻饲，因无家人，无钱买饭票，她主动拿钱帮患者买饭票，并呼吁科室的同事捐款，在认真做好患者的生活护理和基础护理的同时，还抓紧时间设法与患者的家属和单位联系，解决患者的生活问题。

她时常说："患者把生命的希望交给我们，我们虽然没有'灵丹妙药'，也没有'起死回生'的能力，但只要有百分之一的希望，我们就要有百分之百的努力。"她用自己的行动践行自己的诺言，为了护理事业，为了患者的生命与健康，她默默奉献，无怨无悔。

黎莉芳

仁心仁术　彰显医者大爱

黎莉芳，女，1937 年生，肇庆市第二人民医院退休老专家。

黎莉芳是肇庆市第二人民医院妇产科退休老专家，是 20 世纪 60 年代凤毛麟角的医科大学本科生，在肇庆基层卫生院坚守了 20 多年。由于医术高超，仁心仁术，心里总是装着患者，每逢她坐诊，慕名前来找她看病的人络绎不绝。到了退休年龄，她选择了“退而不休”，继续在医生这个神圣的岗位上发挥余热，造福患者。

1961 年，黎莉芳从江西医学院本科毕业分配到肇庆市广利卫生院，卫生院的医疗条件十分艰苦，当时她经常是左边挑着药箱、右边挑着装着儿子的竹篓，翻山越岭地到产妇家里为产妇接生。20 世纪 80 年代初，她调到了肇庆市第二人民医院担任妇产科主任。她开展的不孕症治疗技术圆了无数家庭的孩子梦。曾有患者赠予黎莉芳题有“送子观音”的锦旗。1994 年，黎莉芳被委任为肇庆市综合医院等级评审专家。

1982—1984 年，黎莉芳与丈夫一起光荣地成为驻赤道几内亚的援外医疗队员，黎莉芳凭着精湛的医术和严谨的工作作风，很快便深受当地群众喜爱。赤道几内亚属赤道雨林气候，潮湿，容易滋生蚊虫，疟疾横行。黎莉芳在两年的援非生涯里，曾先后四次感染疟疾。她不但克服了自身的困难，还创造条件开展各项医疗工作，用精湛医术挽救了许多生命垂危的患者，赢得了当地百姓的称赞，当时的总统夫人也慕名找黎莉芳为其诊治。时任总统奥比昂亲自为她授予勋章。

黎莉芳在坐诊的时间里，甚至舍不得喝水，以减少上卫生间的次数，挤出更多的时间为患者诊治。医院的下班时间是 11 时 30 分，而她的下班时间经常是下午 1 时。连门诊的护士甚至是清洁工都对这位敬业的老专家感到敬佩与心疼。

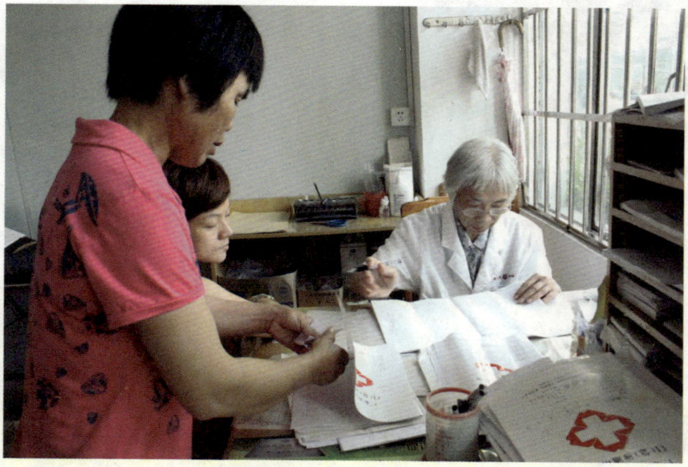

对年轻一辈，黎莉芳总是倾囊相授，无私提携。后辈从她身上学到的不仅仅是医学知识和医疗技术，还有医者应有的风范。在她的言传身教下，医院的妇产科人才辈出，形成了一支特别强的团队，妇产科不仅是医院的重点科室，还是肇庆市的特色专科。

黎莉芳一生淡泊名利，她说："我只是千万医生里普通的一员，能为患者减轻痛苦，带来健康，我已经很满足。"

行之苟有恒，久久有芬芳。黎莉芳心系医疗事业，毕生奉献不已，仁心仁术，彰显医者大爱，树立起医者风范。

陈仁创

身怀绝技　能打善战

陈仁创，男，中共党员，一级警司，肇庆市公安局端州分局康乐派出所治安中队副中队长。

他在部队时是教官，从警后也是教官，作为一名退役军人，他喜欢制服。无论作为基层一线民警，还是作为警务实践教官，他始终坚持做到干一行爱一行，通过自己的不懈努力和勤学苦练，练就一身扎实的基本功。抓捕、入室搜索、查缉嫌疑车辆、防暴队形等警务技能是他的强项。不管是在危机四伏的战斗一线，还是在平凡而神圣的教学训练中，他都以满腔热忱，为基层公安民警的教育训练工作付出了心血、做出了贡献。他就是肇庆市公安局端州分局康乐派出所治安中队副中队长陈仁创。

陈仁创自2004年进入警队以来，一直在巡特警队伍工作，长期处于满负荷运转状态，常常是一单警情还没处理完又接到另一单警情。10多年来，陈仁创接处警次数超过5万次，但没有接到过一宗关于错办或态度恶劣的投诉。

陈仁创还担任分局武器警械专项训练教官组副组长，以及枪械组主讲教官，他经常头顶炎炎烈日为学员讲课，为了让学员领会快速出枪的动作要领，他每天都要为学员示范上百次快速出枪，手掌在多次演示动作后严重受伤，但他还是直至每一名学员都学会了才放心下课。实弹射击课程充满不安全因素，这是令整个教官队伍最为担心的，如果在射击时思想稍有放松麻痹，就可能造成不可挽回的事故。在实弹射击训练中，个别学员在训练时能掌握动作要领，但到真正进行实弹射击时由于过度紧张，导致动作严重变形，陈仁创总是坚持站在学员后面，耐心细致地指导，直至每一轮实弹射击训练圆满结束，彻底把安全隐患消灭在萌芽状态，圆满完成全局民警的武器警械专项训练任务。

陈仁创还是分局特别行动队的成员，他身怀绝技，能打善战。打击犯罪时，他雷霆出击绝不手软；维稳处突时，他毫不退缩坚守岗位。在各项工作中，他充分发挥吃苦耐劳、冲锋在前、连续作战的精神，参与打击了多个盗窃汽车及摩托车团伙、吸贩毒团伙、制贩枪支团伙。在几次打击盗窃摩托车团伙案中，他多次从肇庆跟踪嫌疑人到佛山、广州等地并进行伏击，风餐露宿，他心里只有一个信念，就是一定要抓住犯罪嫌疑人。在破获摩托车团伙盗窃案中，他起到重大的作用，有力地打击了恶性犯罪的气焰，为平安端州贡献了自己的力量。

钟毅忻

为交通大动脉的平坦畅通奉献青春

钟毅忻，男，广肇高速路政大队中队长。

广昆（G80）高速公路连接广州至昆明，是一条东西走向的交通大动脉，车流量逐年攀升，保畅通的任务和压力非常大。钟毅忻作为广肇高速路政大队中队长，他和他的中队承担着这条交通大动脉的路政执法工作，为了保障交通大动脉的平坦畅通，他十年如一日，默默奉献自己的青春年华。

在国家实行小型客车免费通行的重大节日，广肇调整公路的交通压力会更大。黄金周的前一个星期，钟毅忻组织中队动员大会，节前排查安全隐患。将高速公路路面、桥梁、涵洞、边坡等公路构造物以及交通标志、标线等公路附属设施全线检查一次，一旦发现存在安全隐患，立即切实有效的措施进行整改，彻底把安全隐患消除在萌芽状态。同时组织全体路政人员进行道路特殊情况快速处理演练，提高队员士气，为迎接黄金周假期做好充分准备。

黄金周期间，从第一天开始，广肇高速公路车流就出现大幅度增长，路面出现拥堵情况，这种情况一直到节日最后一天凌晨才得以缓解。繁忙时段路政人员需采取驻点应急措施，在广肇高速驻点指挥交通，钟毅忻在路段不停巡逻，及时处理突发事故，尽快疏通事故现场，保证公路的畅通。钟毅忻与队员坚持24小时值班，不离开高速公路范围。虽然他们都非常疲惫，但一直保持高涨的士气和热情，及时处理各类突发事件，保障道路畅通，顺利完成每次的保畅通任务。

建设一支团结、高效、勤奋、务实的高素质队伍是搞好路政工作的根本。钟毅忻紧紧围绕“管理上台阶，人员提素质，工作创一流”这个中心，以服务促管理，向管理要效益，不断加强全队路政人员的政治理论和执法业务水平，从严治队。如今广肇路政大队路政执法人员全部具备大专以上学历，综合素质得到了全面提高。

钟毅忻还加强路政宣传工作，向沿线乡镇、企事业单位和个体运输户进行广泛和深入持久的宣传教育，使广大群众了解、理解路政工作，从而有助于路政工作的开展。

为了钟爱的路政事业，钟毅忻付出的不仅是汗水、心血和精力，还有自己的亲情与友情。他无暇照顾家庭，也没有什么时间与亲朋好友聚会。但是，他无怨无悔地奋战在公路上，忠诚地守护着公路，甘做一名“公路卫士”。

从2003年至今，钟毅忻十年如一日，爱岗敬业，恪尽职守。让公路更宽阔、更平坦、更畅通，是他的执着追求。钟毅忻用真情谱写着路政建设的动人华章，用爱心弹奏着激越的护路之歌。

梁宏正

广施善德　大医精诚

梁宏正，男，肇庆市中医院主任中医师，广东省名中医，广东省名老中医梁剑波教授学术继承人。

行医者不能嫌贫爱富，患者不管男女老少，贫穷富贵，都要一视同仁。充分考虑患者的实际情况，让患者花最少的钱，得到最好的治疗。即使不能挽留患者的生命，也要做到临终前的关怀。这就是肇庆中医院梁宏正医师从医 40 余年所坚持的“只看病情，不看背景”的看病原则。

也正因为他这份仁心仁术，广施善德，勤于探索，大医精诚，“一切为了患者”的从医理念，梁宏正获得全国第八届“中国医师奖”这一中国医师行业的最高奖项，也是行业奖里面唯一一个通过国务院批准的奖项。梁宏正成为肇庆市医疗行业第一位且唯一获此殊荣的医务人员。

梁宏正从医工作近 40 年，获奖无数，每天慕名而来的患者也络绎不绝。他坚持不开大方，不滥检查，廉洁行医，坚持工作在门诊和病房一线。谈到从医以来最大的满足感，梁宏正认为，医者仁术，“医者父母心”，作为医生，解决患者的痛苦就是最大的满足感。“能够通过自己的技术、努力、学识，为患者解决痛苦，自己就会感到非常满足。”

梁宏正说，“患者有需求，信任我，我就全力以赴，尽力去治疗”。佛山市三水区有一名肺肿瘤的患者，到梁宏正出诊时已经出血很久，患者家属因此选择放弃，不愿将患者送往医院治疗。但梁宏正还是选择了努力挽救患者的性命，梁宏正说，“既然患者选择了信任自己，就应该尽力给患者治疗，努力挽救患者，最后终于止了血。虽然患者还是在几个月后去世了，但通过自己的医术，延长了患者的生命。这也是我最开心的。患者的信任推动我要更努力地去救死扶伤”。

梁宏正不仅凭借自己的高超医术，赢得了患者的信任，更是用自己一心为患者健康着想的崇高医德，获得了大家的广泛尊重。他每天诊治的患者百人以上，最多时达 160 人。

谈起梁宏正的仁心医术，患者无不竖起大拇指，作为梁宏正的患者张伯一遍又一遍地称赞他是“又一代名医”“救命恩人”。

张伯是个退伍军人，心脏和前列腺的毛病一直困扰着他，遍寻名医都未能解决，但是经过梁宏正的诊治，现在得到好转。张伯说：“梁医师医术高明，但仍然精益求精，总是很耐心。每天找他看病的人很多，但是他从来不怕麻烦。本来是12点下班，但是他总是看到下午1点才下班，一定要把患者看好，看到患者满意为止。”

梁宏正出身中医世家，自幼随父学医，他既重视借鉴前贤们的经验，又不墨守成规，勤于探索，在肾脏疾病、肿瘤、疑难杂病等领域体会独到，疗效显著。40多年的中医临床经验和不断学习，梁宏正形成了自己的学术思想，制订了30多个病种的中医诊疗方案，拟定了数十张经验处方，创制了10多个中成药。为发扬中医特色优势，他著书立说，诠释中医，弘扬国粹，主持并完成的省级和市级科研项目有12项，其中获广东省中医药管理局科技进步一等奖1项，市科技进步三等奖5项，撰写专业著作10余部，发表论文50余篇，在《羊城晚报》等报刊上发表中医药科普文章200余篇。他传授的学生均成为专业骨干，1人成为市名中医。

梁宏正用自己的奉献和付出真正诠释了医者医德与仁心的含义。

（来源：《西江日报》，记者：刘肇霞、张昕，实习生：张非比，编者有删改）

乔译弘

无私奉献　成就丈夫的“维和梦”

乔译弘，女，高要市广播电视台电视中心播出部副主任。

乔译弘于2008年入职高要广播电视台，成为一名新闻主播。她在自己的岗位上恪尽职守，走出了一片天地。

2013年7月16日，乔译弘的丈夫梁书恺作为广东省第一支赴利比里亚维和民事警察警队中的一员出征异国，先后两次获得由利比里亚警察总局总警监和常务副总警监签发的嘉令状，这也是利比里亚警察总局历史上首次颁发嘉令状给中国人。2014年5月21日，梁书恺被联合国授予和平勋章；7月21日被公安部授予荣誉勋章，被广东省公安厅授予个人二等功。

梁书恺说，他荣誉勋章的一半属于妻子乔译弘。是乔译弘默默承受着常人无法想象的孤独寂寞，用柔弱的双肩扛起生活重担，以无私的支持和奉献，鼓励丈夫完成维和使命，为祖国争光、为肇庆添彩。在广东省公安厅的迎接仪式上，省领导高度赞扬了队员家属们一年以来的无私奉献。

在机场送行时，乔译弘一句“你放心走吧，家中的事儿交给我”道出了她对丈夫莫大的理解和支持。梁书恺来到任务区后不到一个月，乔译弘便患上了严重的甲状腺功能亢进症，需立刻住院进行手术治疗。乔译弘术后出院，身体状况极不稳定，出现了嗜睡、手脚无力、经常发抖、身体各项机能严重下降等术后后遗症。但是乔译弘克服身体的病痛，出院后便马上投入工作。在出色完成工作的前提下，尽心尽力照顾好家庭。以实际行动践行了爱岗、敬业、爱国、爱家。

2011 年底，乔译弘的丈夫在参加公安部维和警察资格遴选的时候，乔译弘刚刚怀孕，并有高危的中央性前置胎盘症。2012 年，乔译弘丈夫在中国维和警察培训中心参加联合国维和警察资格甄选考试期间，怀孕中的乔译弘因大量出血而入院抢救，而丈夫却不能陪伴身旁。丈夫出发后的一年时间里，正是孩子最累人的时候，乔译弘手忙脚乱，但她还是带着病痛克服了种种困难。在埃博拉疫情发生后，一直白天忙于工作，晚上照顾孩子的乔译弘开始关注新闻。凡是有关利比里亚天气、形势以及那里风土人情的新闻，她都非常关注，满是对丈夫的担忧和牵挂。

日子就在担心中悄悄过去，乔译弘从来没有埋怨过丈夫。在梁书恺去利比里亚的 365 个日夜里，乔译弘偶尔也会和他视频聊天，而十三四个月大的儿子也好像知道视频中的人是爸爸，总是爱往电脑前面爬，还会对着显示器叫爸爸。

乔译弘说："其实最难的时候都过去了，人在安逸的时候不会知道自己到底能承受多大的压力，只要坚强地挺过来，就会发现这一切都没有什么。"当问到她是否后悔当警嫂时，她笑着摇了摇头，骄傲而自豪地说："嫁给维和警察是我前世修来的福气，我和儿子等着丈夫凯旋。"

乔译弘用自己的付出成就了丈夫的"维和梦"，彰显了新时代女性的家国情怀。

李健萍

孝老爱亲　经营温馨之家

李健萍，女，德庆县检察院行政财务装备科科长、检察员。

在工作岗位上，她是一名优秀的检察官，在家里，她是婆婆和丈夫认可的好媳妇，父母的好女儿，孩子的好母亲。她孝老爱亲，细致照顾家里老人的生活，精心陪伴儿子成长，夫妻和睦、互敬互爱，用真情和爱心打造了一个温馨和睦之家。她就是德庆县检察院行政财务装备科科长、检察员李健萍。

李健萍从事检察工作30多年，曾获得最高人民检察院颁发的检察三十周年荣誉勋章。在工作岗位上，她忠实地履行工作职责，实现自己的人生价值。在家里，她尽显孝老爱亲的道德品质。她的老父亲患病住院，她经常白天工作，利用午间工休时间和夜晚在医院照顾父亲，尽心尽力陪伴老人走完人生最后一段路程。

李健萍的母亲年老体弱，需要人照顾，为了不影响工作，她放弃工作午休时间，风尘仆仆地赶回家给母亲做饭、洗澡、搞卫生，细致地照顾老母亲的生活起居，无论春夏秋冬，从未间断过。

在孝敬老人的同时，她还特别注意对孩子的培养教育，从小就培养孩子学习琴棋书画，让孩子博览群书，教育孩子要尊老爱幼，给孩子做最好的示范，做最好的榜样。

2013年，李健萍被评为“肇庆市身边好人”，她的家庭被德庆妇联评为“廉洁家庭”。

林丽玲

安老院53位老人的好女儿

林丽玲，女，1971年生，四会市罗源镇安老院工作人员。

林丽玲在四会罗源安老院服务了十多年，她被安老院53位老人誉为“好女儿”。十多年来，她敬老爱老，以实际行动诠释孝敬老人、勤劳善良的传统美德。

安老院90岁的杨三妹拿着百余元的药费单找到林丽玲，虽然过了当月报销时间，林丽玲仍然耐心地安抚老太太说：“没关系，我帮你问问怎么报。”给安老院的五保老人跑腿报销医药费、准时发放生活补贴等仅是在罗源镇安老院做财务的林丽玲的工作之一。

在很多人眼中，安老院工作时间长，几乎没有节假日，买菜做饭、打扫卫生，还要照顾行动不便的老人，擦身洗衣无所不做，工作内容琐碎。但是，2005年林丽玲欣然接受了这份工作。这些年来，林丽玲从无怨言，尽心尽职侍候这些老人。

每天，为了买到最新鲜的菜肉，林丽玲总会早早到市场买菜。院内工作人员少，她从不计较，经常给老人送饭送水、打扫卫生。因为工作需要，这十年来，她已养成睡觉时保持警醒的习惯。有一次，院内有一位多年患有糖尿病的老人突然出现了多种并发症。当时，林丽玲被老人的呻吟声惊醒，立即起床，冒着寒风，用破旧的三轮车把老人送到医院抢救。由于送院及时，老人平安渡过了难关。还有一次，一位患有老年痴呆症的婆婆半夜醒了，因有幻觉所以吵着要逃到安老院外面，林丽玲很快醒来，及时拦住老人，安抚老人躁动的情绪。

除了对老人物质、身体上的关怀，她还注意到老人精神上的需求。“老人家比一般人孤独，特别是五保老人，更缺乏家人的关爱。所以，我就多串门，和他们聊天说笑，他们有什么要求都尽量满足，有时候就是帮他们跑腿到街上买东西，他们也会很开心。”林丽玲如是说。几年前，为了给安老院 90 岁五保老人曾连好过一个难忘的生日，她发动同事，一起为老人买了一个生日蛋糕。连曾婆婆远嫁他乡的女儿都说，相对自己，阿玲更像母亲的女儿，她对母亲的关心与照顾，连自己都自叹不如。一直以来，林丽玲的孝心、耐心、爱心和善心让她成了全院 53 位老人们信任的好女儿。

在家里，她同样是一个好妻子、好儿媳、好母亲。1994 年，在林丽玲与丈夫结婚一年后，丈夫染上吸毒、赌博等恶习。后来，她实在不堪忍受，与丈夫离婚，此后一直未曾再嫁。2007 年，前夫被确诊患上肺结核，林丽玲毅然回到前夫身边照顾，直至前夫去世。就连前夫的母亲朱婆婆都说：“阿玲对我们十分好，经常回来看我们，我身体不舒服的时候会送我去看病，需要什么东西给我买回来。我耕了四五分田，她总回来给我运稻谷、晒谷，有时候我没时间碾米，她会帮我做。这样的媳妇真的是没得说！”

平凡的林丽玲，用自己不平凡的行动，感动了身边人。2013 年，她作为孝老爱亲的典范，被肇庆市文明委授予 2013 年下半年“肇庆市身边好人”称号。

（来源：《西江日报》，记者：邓志娟，通讯员：丁建国，编者有删改）

李凤义

孝顺儿子为父母撑起爱的天空

李凤义，男，肇庆学院外国语学院教师。

李凤义是肇庆学院外国语学院的一名英语教师，除了用心做好本职工作，他尽心尽力地照顾家庭、孝敬父母。

李凤义父亲虽有退休金，但担负不起一个大家庭的开销。李凤义参加工作后，就一直负担着母亲的生活费。父亲晚年三次住进医院，两次手术，除了能报销的部分，剩余的医疗费全都由李凤义支付。2007 年父亲癌症晚期，李凤义请假回家照顾老人，陪伴父亲生命的最后一程，精心侍候，父亲是在他的怀里停止呼吸的。

同年，母亲得了脑中风，李凤义又请假回去，三个月的时间一直陪护在母亲身边，母亲三次住院费，除了合作医疗报销的极小部分，他负担了其余的医疗费。

父亲的离世，再加上疾病的折磨，使母亲失去了生活的信心，曾几度有轻生念头。在这重大关头，李凤义决定把母亲从老家接到肇庆，以便自己尽孝尽责。母亲由于中风，行动不便，为了使母亲增强身体素质，战胜病魔，他每天都从六楼把母亲背上背下，带母亲到室外散步、呼吸新鲜空气。李凤义本来是一个痴迷的乒乓球爱好者，但是自从母亲来了肇庆，他就再没有时间打乒乓球了。

人们说，人老了就怕摔倒骨折，为了防止母亲摔倒，李凤义除了白天和妻子轮流照顾，夜晚他也陪着母亲，照顾经常起夜的母亲。母亲的大小便完全失禁后，他每天要给母亲洗十几条尿布。母亲辛苦了一辈子，他要尽可能让母亲安度晚年，母亲喜欢坐汽车，他特意买了部车，平时载母亲出去兜风、时常带她去公园、逛商场，每隔一段时间带她去 100 多公里以外的江门看孙子。

年迈的母亲牙已掉光，吃的基本上都是软食，李凤义和妻子每餐都陪着母亲吃软饭；母亲就餐不方便下床，他们就在床上放上简易小桌，陪着母亲吃饭，不让她感觉孤独。母亲脑中风留下后遗症，吃东西喝水都呛，在饭桌上咳嗽、打喷嚏是家常便饭，他们从来不嫌弃。

母亲脑中风的后遗症和糖尿病离不开常规药，每月的药费也是一大笔开销，一日三次服药，早晚两次注射胰岛素，都按时完成，李凤义没有半次疏忽。

2009 年 10 月，母亲患脑溢血，当时医生判定母亲已无希望，让家人准备后事。可是，由于儿女们的坚持不懈，母亲逃离了鬼门关。

年复一年，日复一日，母亲坚强地活着，李凤义和妻子也一直精心地照顾着老人，不离不弃。他们一直不懈努力，让母亲过好每一天，同时也为后代做出了榜样。每次李凤义的儿子和儿媳妇从江门回家，都会把奶奶背下楼，在校园陪同散步、聊天。91 岁的老母亲就这样享受着天伦之乐和幸福的晚年。

李凤义的孝行也感动了周围所有人，他将传统的孝道发扬光大，用自己一人之躯为父母撑起了一片爱的天空。

李春兰

好儿媳　好母亲

李春兰，女，1968 年生，高要市文峰居委会居民。

李春兰生活较为坎坷，结婚仅三年，丈夫突然发病，被确诊为肝癌晚期，情况危殆。而他们的小女儿才出生九个月，尚处在哺乳期。突如其来的不幸令这个家庭乱了套，公公受打击，引发高血压症，几个月后不治身亡；在安抚婆婆的同时，李春兰为丈夫四处奔走，寻医问药，其间做了几次手术，花去全部积蓄，最后，丈夫还是医治无效去世了。当时，李春兰才 33 岁，继女 7 岁，小女儿才一岁零四个月，那段时间婆媳俩痛心欲绝，终日以泪洗面。

面对这个破碎的家，李春兰没有倒下，她强忍撕心裂肺的疼痛，以坚强的意志撑起这个家。由于为公公和丈夫治病已花光了积蓄，迫于生计，李春兰去鼎湖、肇庆等地做全职保姆，把两个年幼的女儿交由婆婆照顾，婆婆手脚麻利，对两个孙女疼爱有加，将家务整理得井井有条，让李春兰无后顾之忧，安心工作。婆媳两人实行“婆婆主内，媳妇主外”的策略，共同担起了家庭的重担，年复一年。李春兰与婆婆相处和睦，她对婆婆照顾有加，与婆婆产生意见分歧时，李春兰大多会选择默默忍让，尽量避免与婆婆发生争吵，将婆媳关系处理好。对待继女与自己的亲生女儿一视同仁，两个女儿在她的悉心照料下健康成长，大女儿女参加高考，以优异成绩被广州商学院录取；小女儿也渐渐长大，活泼聪明，乖巧伶俐，也以优异的成绩考上了高要市一中；姐妹俩读书成绩优秀，乖巧懂事，令李春兰与婆婆觉得很欣慰。

早些年，婆婆身体健康硬朗，在李春兰外出做全职保姆期间，负责所有家庭事务，但随着年纪的增加，婆婆渐渐年老，身体已大不如前，需要人照顾，李春兰便不再长年外出了，回来照顾家庭。家务便全由李春兰一人包揽，欣慰的是两个女儿日渐长大，听话懂事，也能帮忙做些家务，减轻妈妈的负担。

李春兰经历了许多不幸和艰辛，但多年来依然对婆婆不离不弃，与婆婆和睦相处，对婆婆尽心照顾；对两个女儿悉心教导，用自己的辛勤付出撑起一个温暖的家，她孝老爱亲的举动感动了许多人，被评为 2013 年“肇庆市身边好人”。

梁雪梅

久病床前有孝女 十年如一日照顾瘫痪母亲

梁雪梅，女，肇庆市国家税务局稽查局科员。

“俗话说‘久病床前无孝子’，但是梅姐用自己的行为告诉我们什么叫做‘孝’。”这是肇庆市国税局工作人员对同事梁雪梅的评价。十年来，梁雪梅一直坚持照顾自己半身不遂的母亲，被大家公认为“孝顺女儿”。

梁雪梅是肇庆市国税局一名平凡朴实的公务员，今年已经50岁了。正所谓天有不测风云，2002年10月，梁雪梅的父亲因病去世，一年后，她的母亲也因脑血栓而致使半身不遂。

“妈妈瘫痪的前几年是最难熬的，那时候我儿子要中考，为了照顾妈妈，我对儿子疏忽了很多。”回忆起那些年的日子，梁雪梅湿了眼眶，“根本就不想再回忆起那段日子，真的过得很艰难”。

“那你现在还会不会觉得很辛苦呢?”记者问到。

“辛苦，但习惯了，也没觉得什么了。”梁雪梅笑着说。

母亲原来一直住在梁雪梅哥哥家。梁雪梅家离哥哥家有四公里左右，梁雪梅十年如一日，每天都两头跑，为自己的母亲洗澡、擦身，还定时为她剪头发、剪指甲。正是因为这种无微不至的照顾，母亲虽瘫痪了十年，但从来都没有长过疮疖。

梁雪梅从不吝啬为母亲购买一些新特药，看看对母亲的病情有无帮助，经常煲好汤水送给母亲饮用。母亲有高血压，她与其兄长随时注意着母亲的情况，防止病情加重或者出现糖尿病、肝肾问题等高血压患者多发的并发症，并尽量开解母亲，不要让母亲有心理负担。

稽查局的同事们都知道梁雪梅下班后总急急忙忙地要赶回去照顾自己的母亲。有人问梁雪梅为什么不请个人帮忙照顾母亲，这样就不用自己每天晚上都要往返于自己家和大哥家，既可以照顾好读书的儿子以及同住的公婆，又可以照顾行动不便的母亲。梁雪梅说："妈妈小时候照顾我们，现在她老了、有病了，我们做子女的就要亲自照顾好她，而且自己照顾会更贴心。"

"她工作也很积极，经常都是最后一个才离开办公室的。"同事小吴说，"很多人都可以照顾好自己家的老人，但是能照顾得那么好的，梅姐还是第一个。她就是我们国税系统的'身边好人'"。

（来源：西江网，记者：张雪，编者有删改）

黄家红

用爱心和孝道经营温馨和睦家庭

黄家红，女，肇庆市端州区城东杏花启委会计生专干。

在丈夫眼里，她是一个贤惠的好妻子；在儿女眼中，她是一个慈爱的好母亲；在婆婆眼里，她是一个孝顺的好儿媳。她就是肇庆市端州区杏花居委会计生专干黄家红。

黄家红的家庭是一个重新组合的家庭，她带着女儿，丈夫带着儿子组合成一个新家庭。在这个新组成的家庭里，继父女、继母子之间虽然没有血缘关系，但是他们相亲相爱，感情融洽，一家人和睦相处，幸福美满。

黄家红的婆婆患有老年痴呆症。黄家红细心照料老人，婆婆经常大小便失禁，她不怕脏与累，给婆婆清洁身体，悉心照顾。在她长期的言传身教下，子女们也懂得孝老敬老，有好吃、好用的都先让奶奶享用。

黄家红把家里安排得井井有条。对待继子，她视如己出。她关心子女的生活，更注重对子女的道德教育。她将婆媳、妯娌、姑嫂之间的关系都处理得十分融洽，全家人互相尊重，互敬互爱。她与左邻右舍也相处和睦，在他人需要帮助的时候，总是伸出援手，深受邻里的好评。

夫妻和睦、孝敬老人是这个家庭的良好家规与家风，夫妻相濡以沫，对双方父母也孝敬有加。有一次黄家红的婆婆走失，她发动全家人及亲戚、朋友到处寻找，不辞辛苦寻找了一天一夜，最后终于在蕉园派出所找到了老人，一家人感动不已。

百善孝为先。孝，是道德之本，也是家庭美满和睦的基石。黄家红用爱心和孝道精心经营着这个家。

陈红萍

倾情照顾瘫痪丈夫　不离不弃

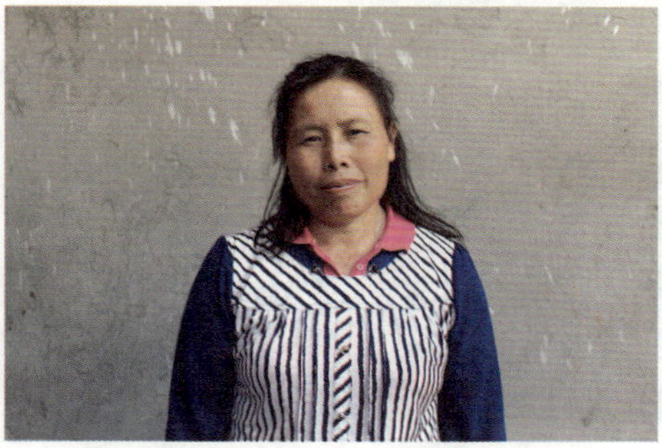

陈红萍，女，肇庆市封开县杏花镇凤楼村委会妇女主任。

她就是他的拐杖，她用肩膀支着他的腋窝，她的左手环着他的腰，她的右手轻推他的大腿迈步……13 年来，只要她在身边，他每迈开一步，都有她这样日复一日的坚定支撑。肇庆市封开县杏花镇凤楼村委会妇女主任陈红萍和她瘫痪的丈夫，如此行走了 13 年。

从丈夫瘫痪的那一刻起，陈红萍就支撑起丈夫那比自己还要重近 50 斤的身体。也从那一刻起，一家人的生活重担全落在了她的肩膀上，在撑起这样一个世界的同时，还要兼顾村里的妇联、计生工作。

2001 年 5 月的仲夏夜，担任村委会妇女主任的陈红萍工作完之后，回到家推开家门，发现家婆和儿子发生呕吐现象，丈夫梁灼均扶着饭桌几乎站不起来……很快，镇卫生院的医生来了，确诊为食物中毒。陈红萍说，经过抢救，家人都有了好转，"可到了凌晨三点多，丈夫突然喊，说大腿没了知觉。"经过转院和一周的抢救治疗，梁灼均被"判"残疾。从此，陈红萍不离不弃地照顾瘫痪的丈夫。

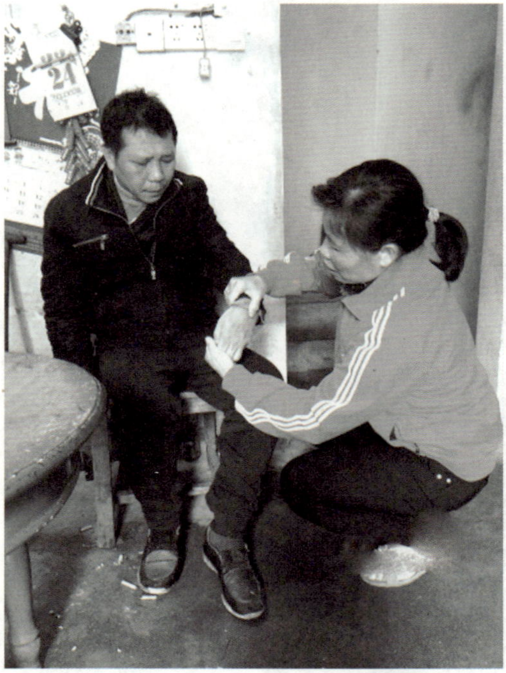

清晨6时30分，陈红萍先给丈夫按摩左侧手臂，“活络了，才能穿上衣服”。穿好衣服后，她把丈夫扶坐起来，递过暖水、牙刷和漱口盆，漱完口后，她再用热毛巾帮他洗脸。

等一切做完了，陈红萍才一手扶腰，一手托腿，搀扶着丈夫下床，接着一步一步挪到厕所，再到外厅，她再一口一口给他喂早饭。

这时已是早上7时30分。安顿好家里，陈红萍便匆匆赶到村委会开始工作。中午回来煮饭、喂鸡，搀扶丈夫沿着家里墙壁走上一两圈，再回村委会，傍晚下班后忙家务一直到深夜。

刚开始一两年，忽然不能活动的丈夫情绪低落，也变得很敏感，一点儿小事就可能让他勃然大怒。慢慢地，他被陈红萍感动，有时红着眼推开陈红萍帮助自己的手。每每这样，陈红萍都会抓住他的手，一边按摩，一边说：“别推，我不会走。”“只要我活着，就不会让你饿着、冻着，有我一天，就有你一天。”

短短一句话，陈红萍坚持了十三年。

“这是苦日子，我知道。”陈红萍最大的心愿就是丈夫能重新站起来，为此她愿意付出所有。

2013 年 5 月 11 日，陈红萍的丈夫突然出现吞咽困难无法进食，说话不清、恶心、呕吐等症状，陈红萍立即请来医生，经诊断为脑梗塞。经过 17 天的治疗，丈夫的病情慢慢好转，但他记忆力减退，智商只相当于十几岁的孩子，这对这个家来说无疑是雪上加霜。

当时，家徒四壁的陈红萍只能继续四处借钱来医治丈夫，至今家里还欠着数万元的外债。

有人劝她，“村委会妇联工作，特别是抓计生的，容易得罪人，钱又少”，“不如回家专心种地，搞一些好的品种，多赚点钱”。陈红萍犹豫过，但当看到村里一些妇女跑到村委会“求助”，或者其他人会以她的故事来调解家庭纷争时，她感到自己还是“有点儿用”。“计生那些，给他们讲感情，也不特别难做，当是给国家做点儿好事。”

村委会主任怕陈红萍太过辛苦，让她把手头工作分一点儿给其他干部，但陈红萍没有，理由是“不熟悉片区家庭的，很难开展工作的”。

生活仍在继续，陈红萍还是和十三年前那场变故改变一家人的命运时一样坚毅果敢。

她说她不知道什么叫爱情，但必须是一个完完整整的家，有丈夫，有公婆，有子女，这才叫幸福。

（来源：《南方日报》，记者：谢苗枫，编者有删改）

龙伙燕

为家撑起一片蓝天

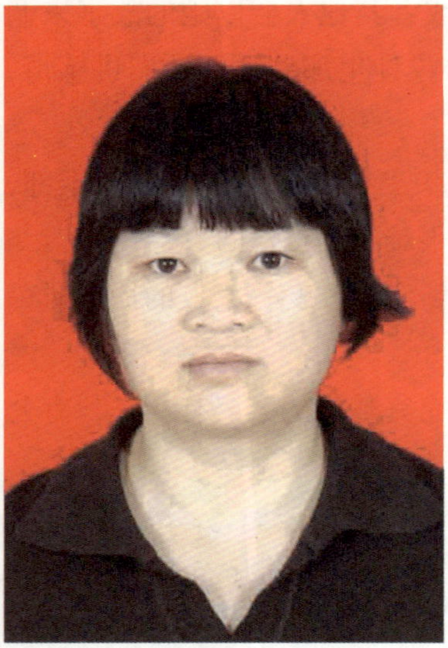

龙伙燕，女，德庆县九市镇留村中心小学教师。

46 岁的龙伙燕，是肇庆市德庆县九市镇洞寮村委会三队人，在留村中心小学工作。多年以来，她在家孝敬公婆，照顾丈夫和残疾的小叔，受到村民和同事的赞扬。

龙伙燕是公婆的好媳妇。作为六口之家的媳妇，十多年来，她一直把两位老人当作自己的亲生父母一样孝敬，家庭温馨融洽。2010 年 12 月 3 日早上，婆婆莫肖连担菜去云安县城卖，由于早晨雾大，不慎被一辆大货车撞倒，左脚跟脱臼，右手臂骨折，肇事司机逃逸，索赔无门。在婆婆被撞伤不能行走的半年里，龙伙燕担负起给婆婆端汤送水、换药护理的工作，细心照顾老人，家里也被她安排得井井有条。因为家在农村，还耕种有一亩多的水田，山上种有几十棵砂糖桔树，三四千棵桂树，为了维持这个家庭的开销，她还要利用周末去管理果园，增加家庭收入。

龙伙燕还是丈夫眼里的好妻子。她的丈夫罗宇强 2006 年失业，不久就遭遇飞来横祸，2007 年 2 月 18 日，他被一辆摩托车撞伤，在医院治疗半年仍昏迷不醒成了植物人，起初龙伙燕满怀希望地带着丈夫到梧州治疗，希望丈夫能好起来，但随着时间的推移，病情没有好转却已花费十多万元，家中积蓄耗尽，后续治疗无法维持，只好把丈夫接回了家。从此，她开始了对丈夫长达七年的护理，经过她的精心护理，丈夫现在已经能转动眼睛，偶尔会伸一下懒腰，但还是不会说话，也无法正常进食。龙伙燕只能利用吊瓶的输液管喂流质食物或营养品维持罗宇强的生命。在这七年里，亲人、朋友也屡次劝她不如趁年轻改嫁，没必要为了这个家放弃自己的幸福。但是她说："不行，如果我走了，这个家就毁了，我和他是夫妻，一日夫妻百日恩，我怎么能放弃呢？我绝不会这样做的。"七年来，她对患病的丈夫不离不弃，用自己的真情书写人间真爱。

龙伙燕还是个好嫂子。龙伙燕的小叔子罗宇权现已 36 岁，既不会讲话，也不能站立行走，体弱多病，经鉴定为二级残疾。长期留在家中需人照顾，十多年来龙伙燕从不嫌弃，悉心照顾小叔子。只要有空闲，龙伙燕都会扶小叔子出门去晒晒太阳。不时提醒小叔子注意个人卫生，定期为他洗被褥。

龙伙燕豁达乐观、坚强不屈，孝老爱亲，为家庭撑起了一片蓝天。

陈亚英

廿年如一日照顾老人　用质朴行动诠释大爱

陈亚英，女，肇庆市高要区大湾镇敬老院院长。

20 年来，她照顾过 100 多位老人，并为 80 位老人送终尽孝。她在最平凡的岗位上，诠释着一种最质朴的情怀。20 年，陈亚英任劳任怨，无微不至地服侍着院里的老人们，以自己的默默奉献，换来院子里老人们的欢声笑语。老人们都说她“比亲生女儿还要好”。

1994 年 12 月，时任管理区妇女主任的陈亚英，前往大湾镇敬老院任职。当时，养老院的老人多数不能自理，凭借每人每月百多元的五保金度日。面对这些老人，陈亚英没有抱怨，而是利用敬老院里的闲置地种植蔬菜，为老人补充伙食，甚至当起了护理员、理发师，为老人修剪指甲、喂药喂水。尽管后来养老院的经济条件得到改善，陈亚英仍经常根据老人们的口味需求，每天配备不同的菜式，为不舒服的老人开“小灶”。

虽说是院长，但凡事陈亚英都亲力亲为。早上 6 点多，她便到菜市场买菜，开始一天的忙碌工作。“一天从早到晚忙个不停，晚上睡觉还要时不时起来巡房。”陈亚英乐呵呵地说，工作虽然辛苦，但这是她一手建起来的“家”。

敬老院的老人们经常生病。每当有人生病时，不管白天黑夜，陈亚英都会用三轮车接送老人到卫生院。打吊针、拿药、守夜、接送……陈亚英时刻守候在老人的身边，熬药端汤，精心调理他们的身体。

由于种种原因，在敬老院里居住的老人缺少来自家人、朋友的关爱，不少老年人养成了孤僻、任性、暴躁的性格，体弱多病者也存在生理或心理问题。为此陈亚英有时会受到老人打骂，但她总是抱着宽容的心态去理解他们，把委屈放在心里，把笑容挂在脸上。

“人都有年老的时候，入住敬老院的五保老人多数没有子女照顾，需要社会的关心和照顾，自己是一名共产党员，要以无私奉献、热心服务的具体行动让他们看到党全心全意为人民服务的形象，感受到社会主义大家庭的温暖。”陈亚英说。

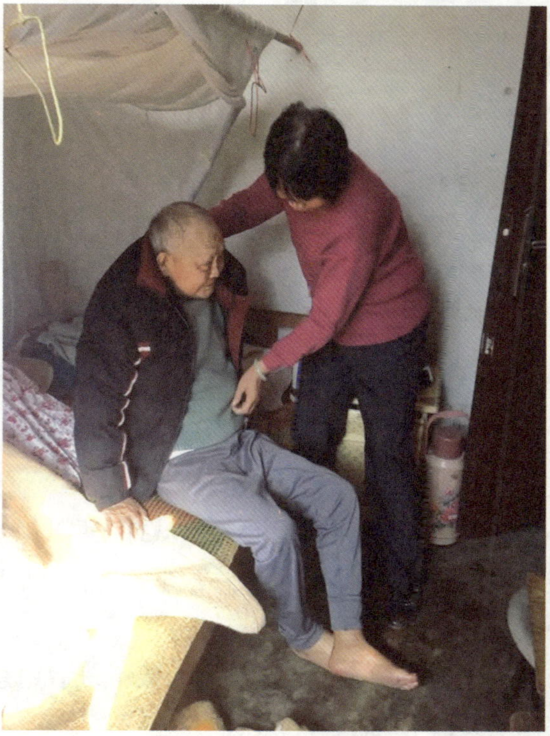

陈亚英对老人时时处处的关爱，让敬老院院子里的空气都弥漫着爱的气息。陈亚英也因她的无私奉献被授予“全国孝亲敬老之星”“肇庆市十大敬老之星”“肇庆市身边好人”称号。

高梅妊

照顾老人不分亲疏

高梅妊，女，肇庆市广宁县南街镇社会事务办办事员。

“父母养育我们不容易，辛苦操劳一生，我们做子女的要悉心照顾、赡养老人，以尽孝道。”31岁的高梅妊从小到大、从家庭到单位，用行动诠释了“百善孝为先”的传统美德。

高梅妊上小学五六年级时，由于父母在县城打工早出晚归，照顾卧病在床的曾祖母，成了她每天的必修课。每天一放学，她就早早回家给曾祖母做饭、喂饭，并为其擦身、洗衣服。

后来，爷爷又因高血压中风行动不便，每天下班后她总是第一时间回家，到爷爷的房间问候，陪他聊聊天，哄他开心……

高梅妊结婚后，由于丈夫是独生子，丈夫家中有年近90的爷爷、奶奶以及年迈的公公、婆婆。高梅妊又当起一名体贴入微的孙儿媳和儿媳，她总是懂得与家中老人沟通，为老人排解忧虑，对老人真心呵护，关怀备至。

为方便照顾自己年近90的爷爷、奶奶，高梅妊把他们接到县城，并把楼下车房改建成套间，方便两老进出。每当天气晴朗她都会用轮椅推爷爷到周边走走散散心。结婚5年来，高梅妊细心呵护着爷爷、奶奶、公公、婆婆，从没有和他们红过脸，让老人在欢快的氛围中，感受温馨祥和，一家人和和睦睦地生活。

在广宁县南街镇从事民政工作的高梅姹，对待其他老人也像对待家人般亲切、细致。有一次，一位患有老年痴呆症和心脏病的散居五保老人在路上摔倒了。老人被送到医院后，因至亲长期外出打工无法照料，高梅姹便毅然挑起照顾老人的重担。

老人因多天没洗澡，身上有异味，高梅姹却毫不介意，细心地为老人家端上一杯温开水。在沟通过程中，她了解到老人已多天没有进食，她马上跑到小食店为老人买回一碗云吞，一直等到检查完毕才把老人送回家中。

高梅姹用实际行动弘扬着“尊老、爱老、敬老”的传统美德。她被评为“全国孝亲敬老之星”。

范少英

孝老爱亲行孝道

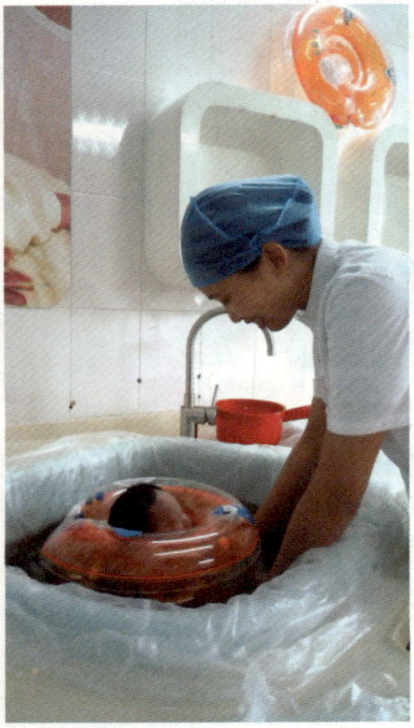

范少英，女，1979年生，肇庆市广宁县中医院护师。

在父母的眼中，她是一个好闺女；在公公婆婆的眼里，她是一个好媳妇；在孩子的心中，她是一个好母亲；在病人眼中，她是一个“白衣天使”。她就是肇庆市广宁县中医院护师范少英。

范少英有兄妹三人，靠父亲在工厂里打工的微薄工资完成了学业。2004年6月底，年仅32岁的哥哥被确诊为肝癌晚期，听到这一消息后，父母整天以泪洗面，哥哥是独子，也是家里的顶梁柱，这对于本来就并不富裕的家像天塌下来一样。哥哥住院期间用完了家里的所有积蓄，还向亲戚、朋友借了一大笔钱，负债累累，可是老天爷还是无情地夺走了他的生命，留下两个年幼的儿子，大儿子10岁、小儿子6岁。范少英把照顾年迈父母和帮助哥哥一家的重担接了下来。她帮大嫂还债、供侄子上学，并把父母接到身边照顾。

2010 年，小侄子不小心被洗衣机绞断了右食指，而此时，范少英才刚还清以前所欠的债务，女儿还在上幼儿园，所有积蓄只有 4 000 多元，大嫂靠打零工维持日常生活，积蓄也所剩无几，为了让小侄子不留下残疾，范少英坚持把小侄子送到广州做了驳骨手术，从此又过上了艰难的日子。

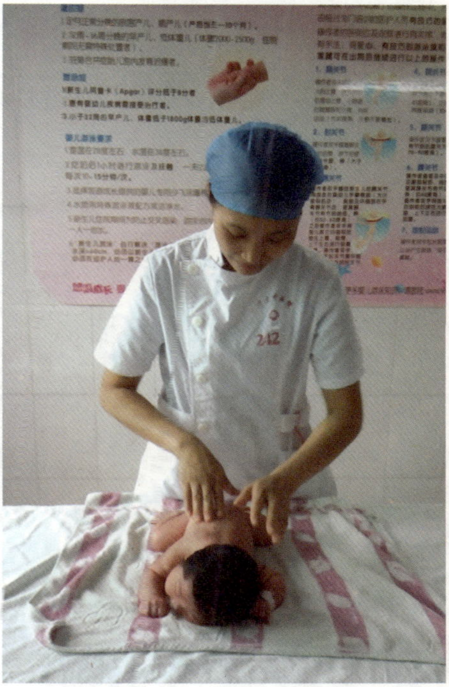

范少英的丈夫远在肇庆市移动公司工作，她全身心支持丈夫，使丈夫从一名普通工人成长为企业工程师。由于丈夫远在肇庆市工作，所以照顾女儿和家庭的重担都落在范少英身上，她成了家里响当当的“顶门人”。婆婆年老体弱需长期吃药，家里就靠范少英和丈夫微薄的工资收入维持生活，婚后尽管家境不富裕，但是家庭和睦。为了让 70 多岁高龄的公公、体弱多病的婆婆得到照顾，女儿出生后她把公公、婆婆从农村接到县城，承担起了照顾两位老人和小孩的重任，公公、婆婆经常对人说：“我们有福，媳妇像女儿，有孝心。”婆婆因年老体弱患上了中风病，大小便失禁，经常尿床，她每天像照顾小孩子一样为婆婆铺尿垫，由于她换洗及时，婆婆的卧室始终保持干净，没有异味。她每天给老人喂食，只要婆婆有想吃的，她一定让婆婆吃到，她的精心侍奉让婆婆很满意。2008 年婆婆经抢救不治，还是走了。婆婆去世后，她继续精心照顾年迈的公公和年幼的女儿，以及自己的父母，数年如一日体贴入微，从无半句怨言。她是左邻右舍公认的好媳妇、好母亲、好女儿。

在医院，范少英又是深受患者爱戴的白衣天使，她用真情和爱心呵护着产妇和新生儿的生命健康，在平凡的岗位上默默地奉献，近十年来，先后七次被医院评为“先进工作者”“最佳护士”“优质护理服务个人”。

覃海飞

好女儿　照顾卧病在床父亲15年

覃海飞，女，肇庆市德庆县国家税务局办税服务厅副主任。

一边是常年卧病在床的父亲，一边是要求严格的工作，肇庆市德庆县国家税务局办税服务厅副主任覃海飞两相兼顾，15年来，悉心照顾家人的同时始终坚守税务一线岗位，用责任与孝心谱写出一曲爱的赞歌。

正是由于强烈的孝心与责任感，覃海飞被评为2014年第二季度肇庆孝老爱亲“身边好人”，同时先后多次被评为德庆县国家税务局“先进工作者”、全县创“人民满意服务窗口”活动的“文明服务之星”，并在2014年荣立国税系统“三等功”。

1999年11月，一场突如其来的车祸让覃海飞的父亲颅脑外伤，经两次开颅手术，昏迷40多天后他奇迹般醒过来，但从此生活不能自理。而当时覃海飞姐姐和弟弟都在外地工作，照顾父亲的责任便落在了已经身怀六甲的覃海飞身上。

从那时起，覃海飞每天清晨 5 时起床，先去父亲家里为其翻身、送药，然后再赶去局里上班，下午下班第一时间就是回家，煲汤水、为父亲剃胡须和指甲等。覃海飞的母亲植婆婆回忆：“老公卧床时经常会呕吐、摔下床，作息生物钟也乱了，要不是女儿一直在身边，都不知道会怎么样。”

除此之外，覃海飞还四处奔走为父亲寻医问药。她听医生说鱼头和猪脑可以补充营养并对大脑的恢复有好处，便每天去买鱼头或猪脑，整理干净后加上药材煮成汤，与母亲一起一点一点地喂给父亲吃。

为了帮助父亲延缓左手和左腿部肌肉萎缩，覃海飞和母亲买来大量中草药，每天煲药给父亲泡脚。经过家人的努力，父亲在一年后竟然可以勉强下地行走了，她也成了父亲的一根“活拐杖”。于是，小区里就多了一道温馨的风景——一个老人在妻子和女儿的轮流搀扶下，一步一步艰难地走着。短短的 200 米，一路赢来的是街坊与朋友的赞许与鼓励。本来，由于父亲的伤是不可逆转的，情况只会越来越差，但在她与母亲的悉心照料下，一般在车祸脑伤后第二年就会出现的癫痫症状，直到 2007 年才在父亲身上出现。

为了照顾父亲，覃海飞难免会冷落丈夫与女儿，但丈夫却始终站在她身边，女儿也懂事听话，很小就开始帮忙做家务。近两年，弟弟回到德庆县工作，覃海飞也多了一个帮手，“父亲虽然不幸，但是他还在这里，我们还能照顾他，一家人还能在一起吃饭，我觉得已经是莫大的幸福了”！

尽管要照顾父亲，但是覃海飞的工作同样不“掉队”。“覃姐工作认真、经验丰富，遇到我们新人解决不了的问题，她都会主动过来帮忙。”刚来税务大厅上班一年的黄帅说起覃海飞就竖起大拇指。

覃海飞始终兢兢业业，严谨做事，从未迟到早退，赢得了同事的尊重和领导的夸奖。

（来源：《西江日报》，记者：陈明红、邵珊，编者有删改）